FÉMINISME

Art avec une perspective de genre

FÉMINISME

Art avec une perspective de genre

Esther Tauroni Bernabeu

ISBN: 9798663843171

Aux femmes,

Les protagonistes des histoires des autres,

et en revendiquant l'un des leurs.

À mes filles Pepa C. Tauroni et

Mia H. Tauroni.

Avec tout l'amour de votre mère.

Présentation

Si j'étais un homme, je serais un expert, mais comme je suis une femme, je dois me contenter d'être un citoyen simple et humble qui a obtenu un diplôme et des compétences de recherche en histoire de l'art. Je suis également technicien en matière d'égalité. Ceci, ainsi que les expériences que j'ai vécues, m'a amené à vérifier la société pleine d'inégalités dans laquelle nous vivons et, à partir de mes connaissances, à proposer des productions artistiques comme moyen efficace de mettre en évidence la discrimination ainsi que de prévenir et de sensibiliser à la violence sexiste et de servir d'instrument dans l'éducation à l'égalité. De plus, et bien sûr, pour rapprocher l'art de ceux qui partagent les mêmes préoccupations.

On visite généralement un musée, une galerie, une exposition, un manuel ou un catalogue et on observe les œuvres d'art selon la technique utilisée, les formes, la couleur et en conservant des informations telles que le nom de l'auteur, la date d'exécution ou le pays ou l'école où elle a été créée. De ce point de vue, les œuvres d'art sont vouées à être des éléments passifs de la connaissance qui font partie de temples silencieux.

L'art est le reflet d'une société, d'un moment historique, d'idées, de croyances et de valeurs et, en tant que tel, son contenu doit être une porte ouverte au dialogue, à la réflexion et au débat.

Les œuvres d'art sont envahies par les corps nus des femmes qui, en principe, semblent être exposés mais qui cachent en réalité le regard voyeuriste. Les images infantiles contiennent des hypersexualisations de corps féminins qui cachent peut-être des messages pédophiles. Les scènes simulent des macro et micro-machismes.

Les peintures du XVIIIe siècle et jusqu'à nos jours ouvrent la possibilité de parler de l'histoire, de l'histoire des femmes, des expériences et des vagues féministes ainsi que des dates et des données qui sont aujourd'hui consacrées par les revendications des femmes.

Filicides, viols, abus sexuels, suicides, sacrifices, rôles, stéréotypes ou canons de beauté sont quelques-uns des nombreux sujets qui sont abordés dans ce numéro sous l'angle de l'histoire de l'art. La femme en tant que sujet et objet de l'histoire est la protagoniste de cette étude.

Les productions artistiques sont l'antichambre de la photographie, celle-ci à son tour du cinéma, de la publicité et des mass médias afin que d'avoir une vision critique aboutisse à visualiser la société actuelle avec un regard clair, transparent, réel et féministe.

Dans les articles que j'ai écrits, les conférences et les débats que j'ai organisés ou les ateliers que j'ai coordonnés, j'ai pu constater de première main comment une œuvre d'art attire et est, en plus d'un outil de communication, un point de départ pour des espaces d'expression qui activent l'inclusion, la transformation personnelle et sociale.

L'art a un langage universel qui surmonte les barrières linguistiques et générationnelles, il transmet des expériences où les expériences individuelles et communes peuvent être reconnues, il favorise et stimule le changement social. Il s'agit, en somme, d'un fabuleux instrument pour créer des environnements d'expression, de rencontre, de participation et de développement personnel. Des espaces qui permettent de transcender les difficultés et, pour le cas spécifique de ce spécimen, de mettre en évidence l'inégalité vécue par les femmes et de progresser, ensemble, vers l'égalité.

L'expression est une dimension et un droit fondamental des personnes, et l'expression artistique est un moyen privilégié pour nous, en particulier pour ceux qui sont confrontés à des situations d'exclusion ou de vulnérabilité, de développer, de revendiquer et d'exercer leurs droits.

Certaines œuvres connues, et peut-être pas, des mouvements de la Renaissance, du Baroque, de l'avant-garde et de l'époque contemporaine; de différentes écoles, artistes, pays ou institutions qui les conservent, nous rapprocheront dans ce livre de l'art avec une perspective de genre.

J'invite donc les femmes et les hommes qui sont conscients des déséquilibres sociaux et qui croient fermement en l'égalité des sexes à regarder les œuvres que je propose au début de chaque chapitre, à les observer, à les sentir, à y réfléchir. Lisez-les ensuite dans un esprit critique, remettez en question les opinions exprimées et enrichissez-vous de celles qui sont similaires. Et, en fin de compte, de transformer, de grandir, d'accroître l'empathie envers les femmes, de mettre en évidence et de reconnaître les situations personnelles, familières ou étrangères. Comprendre que l'art est un outil incontestable dans l'éducation à l'égalité.

De certaines expériences, je suis le protagoniste, d'autres non. J'écris à la première personne parce que je suis une femme, complice sans aucun doute et solidaire du reste des femmes.

À mes compagnes de l'Association Madre Rea, en particulier à Paqui García, aux Filles de Lilith, à Leticia, Rosario, Melinda, Mercedes, Isabel, Carmen, Verónica, Geno, Mireia, Elisa, María, Sonia, Inno, à toutes pour avoir vu la réalité avec les lunettes violettes. Aux associations de femmes, aux féministes, à celles qui mettent chaque jour *leur grain de sable dans la lutte pour la liberté, à celles qui, depuis les institutions, les soutiennent. A ceux qui sont conscients de la nécessité de politiques d'égalité. Merci*

Je vous remercie d'avoir enrichi ma vie de votre expérience et de votre courage.

Aux professeurs qui m'ont formé artistiquement, Santiago Sebastian, Pilar Pedraza, Carmen Gracia, Daniel Benito, Fernando Benito, Ester Alba, Monica Bolufer et surtout à Juan Alberto Kurz Muñoz, grand professeur et meilleur ami. Merci d'être dans ma vie.

Indice

Préface

L'histoire de l'art, comme toutes les branches de la connaissance, a toujours été étudiée d'un point de vue androcentrique, c'est-à-dire que l'homme a été le créateur, la femme le créé ; il est actif, elle est passive ; il est le génie, elle est la muse. La conception sexiste de l'art est responsable du fait que les musées sont des temples passifs de la connaissance, où sont exposés des corps féminins nus, des histoires créées autour de mythes ou de légendes qui dissimulent des abus et des viols ou des portraits de femmes qui rendent invisibles leurs contributions à la culture.

Dans une perspective de genre, je propose de rapprocher l'art des citoyens et la réalité des femmes de l'art dans le but de découvrir dans le premier un magnifique outil qui rend visible l'histoire que le monde féminin a vécu et, dans le second, le fléau de la violence masculine.

Observer les œuvres proposées dans chaque chapitre, penser, ressentir, lire les opinions subjectives qui sont exprimées, inviter au dialogue, confronter les opinions et exposer différents points de vue sont les intentions de cet auteur dans le présent numéro. Que l'on soit d'accord ou non, l'important est de ne pas laisser le lecteur indifférent. Créer un débat est le but ultime.

Il s'agit de sensibiliser, de prévenir et de faire connaître les inégalités existantes entre les différents sexes. Plaider pour l'égalité, la solution.

La violence est implicite dans l'art, c'est-à-dire la culture, car elle reflète la misogynie et la cruauté patriarcale envers les femmes à différentes époques de l'histoire. L'objectivation, surtout sexuelle, du genre féminin a été consolidée dans les textes anciens et a été utilisée comme un ornement littéraire pour expliquer comment certaines histoires et légendes dissimulent des violations sexuelles et des perversions voyeuristes.

Sous le nom d'humiliation, les différents actes agressifs envers les femmes sont inclus, car parfois il n'y a pas de réelle distance entre le mythe et la réalité. Les productions littéraires, et donc les arts plastiques, sont le fruit de personnes qui les construisent pour leurs propres intérêts ou ceux d'autres sujets.

La violence sexiste est un fléau social qui touche tout le monde. Les femmes parce qu'elles sont les victimes directes; les hommes parce qu'ils sont partenaires, parents, enfants, frères et sœurs ou ont des liens sains avec les femmes.

L'entrée en vigueur de la loi globale contre la violence sexiste (LO 1/2004) a créé un climat d'espoir afin de répondre à la réalité des femmes victimes de la violence sexiste. Cependant, ni cette loi ni le Pacte d'État contre la violence sexiste n'ont été la panacée pour la violence sexiste, machiste et sexuelle, qui n'a cessé d'augmenter ces dernières heures, ces dernières semaines. Actuellement, les taux de violence sexiste sont de plus en plus élevés chez les jeunes.

Les meurtres et les viols ne sont que la partie visible de l'iceberg. L'invisibilité, le contrôle, l'exclusivité, l'isolement, l'annulation et le chantage affectif sont des formes subtiles et invisibles de cette violence. Le mépris, l'humiliation et les menaces sont *également invisibles. Les cris, les insultes, les agressions physiques et les mauvais traitements ne sont pas seulement évidents, mais sont aussi les préludes à des fins dramatiques. Ces manifestations et d'autres encore sont nourries par le système patriarcal.*

Dans de trop nombreux secteurs, ces comportements sociaux sont normalisés. La société semble résignée à l'existence de ce problème très grave qui est généralement compris comme une affaire intérieure qui n'affecte les parties concernées que lorsqu'elle est réellement de nature sociale et communautaire.

L'éducation à l'égalité est la clé pour éradiquer la violence. Et il ne s'agit pas d'éduquer ceux qui sont à l'école, mais de le faire pour l'ensemble de la population en prévenant, en sensibilisant et en conscientisant. Les productions de l'histoire de l'art, en tant que reflet de la société, sont un magnifique outil pédagogique pour rendre visibles les inégalités, émouvoir les consciences et ouvrir les débats nécessaires.

La société actuelle et les générations futures ont besoin d'outils pour exercer leur sens critique et discerner les contenus machos que nous respirons quotidiennement à tous les niveaux, de ceux qui font partie de la vie quotidienne à ceux qui nous atteignent par les médias, la publicité et l'Internet.

Traditionnellement, les productions artistiques ont été étudiées à partir de leur description formelle, perdant ainsi la possibilité de contribuer à la formation et à la socialisation. Il est temps de comprendre l'art comme un transmetteur de culture, de sentiments, d'expériences, de dialogue. L'art révèle des histoires, des intentions, des significations, des idées, certaines intrinsèques et d'autres que nous pouvons créer selon la conception de notre monde. Fuyant l'utilitarisme et l'objectivisme de l'histoire de l'art, analysant d'autres questions différentes des formes et de leur utilisation ou de la maîtrise de la technique, nous trouverons dans l'histoire de l'art l'histoire de l'expression des idées, des sentiments, de la culture et du folklore humain.

Et en tant que telle, elle doit être comprise, étudiée et transmise aux nouvelles générations qui verront ainsi leur vie enrichie sur bien d'autres plans que le purement formel.

Le but de cet auteur est de décoder les images, d'analyser les messages cachés, de révéler les mécanismes du pouvoir, d'analyser les histoires de vie des femmes, de sauver les femmes artistes, de les faire sortir de l'ombre que le patriarcat a jetée sur elles, de sentir, de penser, de voir nos réflexions, de trouver des réponses et de comprendre que l'art en tant que reflet de l'histoire est un outil précieux pour éduquer à l'égalité.

Le 25 novembre, la minute de silence et d'applaudissements face au désespoir et au vide

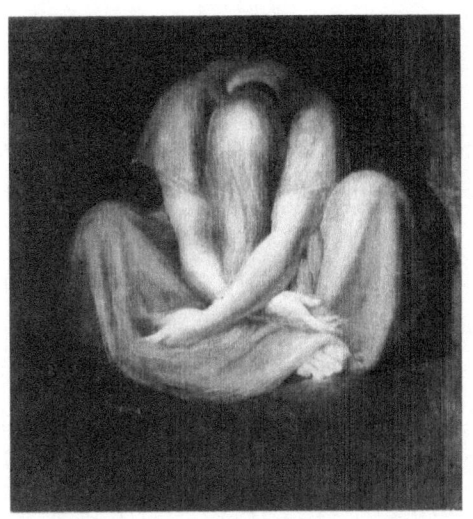

Johann Heinrich Füssli "Le silence". Huile sur toile. 63,5 x 51,5 cm. 1800. Kunsthaus, Zurich.

Même sans la fin d'une année, aucune date exacte ne peut être donnée pour les femmes tuées par la violence masculine, mais nous pouvons anticiper le type d'événements que les gouvernements et les institutions organiseront le 25 novembre pour la "Journée internationale pour l'élimination de la violence à l'égard des femmes", une journée dramatique que certains commémorent devant les caméras en gardant le silence et en soulignant leur incapacité à faire face à la violence que nous, les femmes, subissons. Pourtant, sans honte, ils se taisent.

¿Pourquoi une minute de silence? ¿Pourquoi le 25 novembre? Regardons l'histoire.

La fin de la première guerre en novembre 1919 a été célébrée dans toute l'Europe par une fête à laquelle ont participé des millions de personnes pour célébrer la fin des hostilités qui avaient eu lieu pendant quatre longues années et qui avaient coûté la vie à plus de 10 millions de personnes. Le journaliste et soldat australien, résidant à Londres, Edward George Honey le 11 novembre et dans un journal local a suggéré l'idée de rendre hommage aux victimes en observant cinq minutes de silence.

L'idée n'a pas eu beaucoup de retentissement jusqu'à ce que, des mois plus tard, elle soit sauvée par le Sud-Africain James Percy Patrick qui, dans une lettre adressée au roi George V de l'époque, la proposa à nouveau, suscitant chez le monarque un grand enthousiasme et l'élevant au rang de pays du Commonwealth. Bien que réduits à deux, à 11 heures le 11 du 11ème mois, les pays anglo-saxons arrêtent leurs horloges en quelques minutes de silence émotionnel et strict.

De nombreux mouvements sociaux et culturels, dont le féminisme, ont fait partie de cette tradition du silence. Lors de la première rencontre féministe d'Amérique latine et des Caraïbes, qui s'est tenue à Bogota en 1981, il a été décidé, en l'honneur des sœurs Mirabal, que le jour de leur assassinat (25 novembre) serait commémoré comme la Journée internationale de la non-violence contre les femmes.

Patria, Minerva et Maria Teresa Mirabal étaient trois sœurs dominicaines qui, après avoir été violées et torturées, ont été assassinées pour s'être rebellées contre la dictature de Rafael Leonidas Trujillo. Élevés dans un foyer riche, ils ont étudié dans une école religieuse où ils se sont distingués par leur intelligence et leur intérêt. Lorsque Trujillo est arrivé au pouvoir, la famille Mirabal a perdu presque

25

toute sa fortune et a commencé à militer dans un groupe d'opposition au régime appelé "Groupement politique du 14 juin". Au sein du groupe, ils étaient connus sous le nom de "Las mariposas" (les papillons). Leur militantisme a conduit à leur persécution, à leur emprisonnement et, à la fin d'une embuscade, à leur mort.

En mai 1960, entre 26 et 36 ans, Minerva et María Teresa ont été jugées pour avoir tenté de porter atteinte à la sécurité de l'État dominicain et condamnées à trois ans de prison. Trois mois plus tard, pour démontrer sa "générosité", Trujillo a ordonné leur libération alors qu'ils étaient utilisés pour avertir les rebelles. Même pas deux semaines après leur libération de prison, les deux sœurs continuent d'être persécutées. D'après ses écrits, Victor Alicinio Peña Rivera, alors lieutenant, a reçu l'ordre suivant de Cándido Torres Tejada (capitaine du service de renseignement militaire)

"(...) que vous organisiez le transfert à Puerto Plata des maris des sœurs Mirabal, la justification du transfert sera la découverte d'armes clandestines visant le mouvement qu'elles dirigent, l'idée est qu'elles nous aident à déterminer si les personnes arrêtées peuvent les identifier comme membres du mouvement, une fois que cela sera terminé, vous pourrez leur dire qu'elles seront à nouveau renvoyées à Salcedo. Une fois qu'elles seront transférées, vous préparerez une embuscade sur les sœurs Mirabal sur la route, elles doivent mourir et un accident de voiture sera simulé, c'est le souhait du chef".

Ainsi, le 25 novembre, les agents de la police secrète ont intercepté le véhicule dans lequel les sœurs étaient transportées. Après les avoir violées, ils les ont pendues, battues et finalement jetées dans la voiture par-dessus une falaise en simulant un accident.

Pour cette raison, et depuis environ 35 ans, nous avons l'habitude d'observer chaque 25 novembre cette minute de silence en hommage aux femmes victimes de la violence de genre.

Le silence implique la réflexion, la méditation, les condoléances et le désir de faire amende honorable. Le silence, c'est le respect, l'hommage, la responsabilité et la détermination à trouver des solutions. Le silence est le prélude à la réaction au deuil, à un nouveau départ, à la remise en question. C'est ce qu'est le silence, et dans le silence le plus absolu résultant du désespoir, de la terreur et du vide, les victimes de la violence masculine restent non seulement pendant une minute, mais pendant la plus grande partie de leur vie.

En tant qu'historienne de l'art, féministe et voracement sensible au terrorisme de genre, je suis émue, et j'espère que vous l'êtes aussi, par l'œuvre produite entre 1799 et 1801 par l'artiste suisse d'origine britannique Johann Heinrich Füssli "Le silence" qui, dans une huile sur toile au format de 63,5 x 51,5 cm, transmettait sublimement le sentiment féminin du mot. L'œuvre, qui est maintenant exposée au Kunsthaus (Zurich), exprime mieux que toute autre photographie le puits, l'isolement, la solitude et la douleur dans lesquels de plus en plus de femmes se trouvent plongées chaque jour, prouvant que, face à la violence machiste, personne ne propose de solutions. En allant au cœur des sentiments, ce précurseur du romantisme insère l'image d'une femme dans un monde nocturne terrifiant et sombre qui cherche à réveiller chez le spectateur l'émotion et la subjectivité enracinées dans la réalité irrationnelle.

Sans préciser la couleur ou les formes, Füssli propose une seule figure ronde et lumineuse qui se fond dans le fond sombre. Sa posture dénote l'ambiguïté des sentiments, de l'abandon à l'auto-absorption, de l'intérieur à l'extérieur, du fantasmagorique au réel. Son grand corps cache son visage dans un poil qui cherche en lui-même la réponse à son existence.

C'est l'image du découragement, de la position au bord du précipice, du désespoir face à l'incompréhension, de la réclusion dans les profondeurs d'un monde insensible à l'angoisse. Étourdie, choquée et confuse, la femme de Füssli, vaincue, accepte qu'elle ait vécu un mensonge, le mensonge de son agresseur, le mensonge de ceux qui l'ont encouragée à dénoncer, le mensonge de ceux qui lui ont promis des solutions, le mensonge de ceux qui l'ont parrainée en disant que la peur allait cesser. Le "Silence" du peintre suisse est celui des femmes qui, inconsolées, ne croient pas en la justice et n'ont qu'à survivre dans l'Hadès, dans l'échec et la déception devant un système qui les envoie au fossé, où la culpabilité et l'auto-punition les accompagnent, où elles respirent inerte.

Face à ces sentiments d'abandon et de frustration, les institutions internationales "célèbrent" cette journée chaque 25 novembre, de manière plus grotesque chaque année.

Dans de trop nombreux cas, les femmes subissent des tortures continues, une escalade de la violence et un cercle d'où les mêmes institutions les invitent à sortir. À la radio et à la télévision, ils incitent parfois les gens à dénoncer, et lorsque nous le faisons, nous nous rendons compte que nous sommes obligés de vivre avec l'agresseur, avec la garde partagée qui nous est imposée, ou avec la perte de celle-ci qui est remise aux violents.

Le PAS est appliqué aux femmes qui dénoncent.

Les femmes qui dénoncent publiquement sont appelées "putes".

Les femmes qui portent plainte sont à nouveau victimes du système.

Les plus généreuses des femmes qui se présentent obtiennent une ordonnance de restriction qui, sans aucun contrôle, est la chambre de leur meurtre.

Les femmes qui dénoncent souffrent d'abus institutionnels, elles sont le visage de la pauvreté, de la dépression et de l'anxiété, celles qui perdent leur dignité dans les files d'attente des associations et des organisations caritatives qui demandent quelque chose à mettre dans la bouche de leurs fils et de leurs filles.

Les femmes qui signalent leur situation de risque augmentent leur vulnérabilité car à partir de ce moment, non seulement leur agresseur abuse de leur vulnérabilité, mais aussi les services de soins, les experts psychologiques et les condamnations.

Les femmes qui déclarent souffrir de stigmatisation sociale, vont postuler pour l'IAR et, avec un peu de chance, obtiennent des emplois précaires. Les femmes victimes, dans un système de deux poids deux mesures qui parle de discrimination positive, se voient accorder un certain point d'opposition et dans ce système de deux poids deux mesures, l'agresseur est rendu invisible, protégé et dispose même de plus de mécanismes pour extorquer et abuser des femmes. Les femmes sont plongées dans une spirale de violence avec leurs enfants.

364 jours par an de viols, d'agressions, d'abus physiques et psychologiques, de permissivité face à la traite des femmes, de tolérance du proxénète, de compromis avec les violents, de soutien aux campagnes qui objectivent les femmes, de prétention à donner une valeur économique aux utérus, de proposition de location de nos corps ou de nos utérus.

364 jours d'outrage, à ignorer celle qui souffre, à la faire passer devant les tribunaux, à manipuler les chiffres, à dire que le meurtrier présumé semblait être un bon père, un bon voisin, un homme bon.

364 jours à entendre qu'ils sont hystériques, qu'il n'y a pas de ressources, qu'un rendez-vous est demandé, que Monsieur ou Madame tel est occupé, que la nouvelle n'a

pas sa place dans la presse, qu'il n'y a pas de personnel pour couvrir la nouvelle.

364 jours d'accusations, d'être des "insectes", des "salopes", de nous étiqueter comme "émotionnellement dépendantes", de nous fouetter parce que nous sommes malades, pathétiques, folles, de permettre aux machos de le faire et de promouvoir le patriarcat.

Des jours, des nuits, des semaines, des mois de douleur et de désespoir qu'ils maquillent d'un voile sombre et cachent avec du rouge à lèvres et du mascara. De faire des tours pour remplir le caddie, de décrocher les téléphones pour demander de l'aide et à l'autre bout du fil, quelqu'un entend "Madame, reposez-vous...".

Et le jour 365 arrive, le 25 novembre. Comme par magie, l'omelette tourne. Les médias sont à la recherche de nouvelles, pour voir lesquelles sont les plus spectaculaires. De nulle part surgissent des voix d'abus sexuels, des histoires du passé, des rappels de ce qu'"elle n'aurait pas dû faire", des témoignages macabres, des livres de recettes, des entretiens avec des *professionnels, des statistiques, des voix étouffées, des femmes héroïques. Tous ceux qui ont la responsabilité de chercher des solutions portent leurs plus beaux vêtements pour être les protagonistes des espaces publics, en gardant une minute de silence. Dans les villes, ils apparaissent à la tête des manifestations en portant le drap de la honte, le drap sur lequel est inscrite une phrase, une date qui expire au bout de deux minutes et ils utilisent la même chose que les victimes pour se laver la conscience. A la fin de la minute, ils lèvent la tête et, souriant, demandent des applaudissements, et commencent à applaudir. C'est inquiétant.*

Qui applaudissent-ils? Les femmes mortes ? Celles qui vont mourir ? Les meurtriers vivants ? Les filles orphelines ? Les législateurs ? Les bourreaux ? Pour qui ces applaudissements sont-ils destinés ?

Incompréhensible. Il est incompréhensible de savoir qui mérite des applaudissements ou comment, ayant ignoré les victimes, ils osent observer une minute de silence.

Après des années et des années de silence et de silence, le temps est venu pour les femmes de crier, de hurler, de beugler leur douleur et de le faire en faisant irruption parmi ceux qui se taisent. Le temps est également venu pour ceux qui ont la responsabilité d'agir de le faire, et de le faire tous les jours, et d'apporter des solutions au lieu de rester silencieux.

Le machisme tue les femmes, leurs filles et leurs fils. La violence ne peut être justifiée, atténuée ou les victimes blâmées.

Il est temps que les femmes prennent conscience de qui nous sommes et de la façon dont nous sommes traitées en raison de notre sexe. C'est l'heure de la fraternité, de la responsabilisation, de l'union, de la mise de côté des motifs personnels et de la lutte pour la cause commune. C'est le moment de donner la parole au silence, d'abandonner le mutisme et d'oublier la soumission. Le machisme est le virus le plus féroce du patriarcat, sa maladie mortelle et mortelle.

La minute de silence a cent ans, les sœurs Mirabal font partie de la légende dramatique, la réalité dépasse la fiction et l'art, comme l'œuvre de Füssli, exprime le choc de l'âme.

Le viol de René Magritte, concernant la légalisation de la prostitution

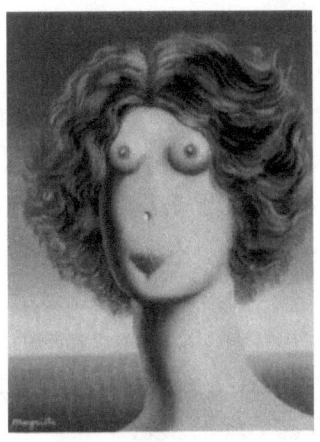

René Magritte "Viol". Huile sur toile 73x54 cm.
1934.

C'est l'une des œuvres clés du réalisme magique, du mouvement pictural mené par le peintre belge René Magritte (1898-1967).

L'idée est de montrer, par la superposition d'images, une réalité altérée, onirique et *subconsciente comme quelque chose de quotidien et de commun.*

Il s'agit d'éveiller des attitudes, et non des émotions, face à une réalité perçue de manière déformée, magique, anormale, intuitive et non explicative.

Il s'agit d'un être fantastique conçu par la cruauté humaine, la création d'une nouvelle femme construite après sa destruction. Sa marginalité la maintient isolée dans un monde réel mais spatialement inconnu.

C'est une femme qui agit sans agir, intemporelle, statique, non transcendante, contradictoire, inversée.

C'est une image qui manque de complexité dans un premier temps mais qui, à l'analyse, est excessivement dramatique et ose même faire un clin d'œil pervers à son ambiguïté.

René François Ghislain Magritte a tenté de changer la perception préconçue de la réalité et de forcer ceux qui l'observent à devenir hypersensibles à leur environnement et à la société dans laquelle nous vivons avec son œuvre "Le viol", réalisée en 1934.

Deux réalités se rejoignent dans ce tableau. D'un côté le torse d'une femme, de l'autre le corps nu d'une adolescente. C'est la rencontre de deux situations chronologiques différentes qui se rejoignent pour montrer l'annulation de l'une et de l'autre.

L'image est dupliquée et unifiée, avec l'essence de chaque absent. La femme a perdu ses sens, ses yeux, son nez, sa bouche, son expression et son émotion, son visage s'est sexualisé et ses yeux ont été remplacés par des seins jeunes, ses narines par un ventre plat et infantile et ses lèvres par un pubis hermétique, d'une chevelure naissante qui la fait taire.

La manipulation subtile des deux images est paradoxale et étrange. Il évoque la froideur et le vide après le viol. C'est la femme qui, après l'événement dramatique, se regarde dans le miroir et ne se reconnaît pas, qui se sent réduite à une sexualité imposée, tyrannique et traumatisante. Vide, insensible, brisé, perdu dans un monde étranger.

Un sentiment qui l'accompagnera pour toujours, qui lui fera oublier ses dons intellectuels, sa propre nature, ses rêves et ses projets, un sentiment de mort émotionnelle, de perte de dignité, de dégoût envers elle-même, de vulgarité et de répugnance envers ce qu'elle ne pouvait pas éviter. Une douleur irréparable qui sera aggravée lorsqu'elle réalisera que la société elle-même lui en voudra. Certains diront que c'était à cause de sa façon de s'habiller, d'autres que c'était sa façon d'agir, d'autres encore que ce n'était pas des heures de marche dans la rue et trop, de façon subliminale, diront qu'elle est une "pute", qu'elle a consenti, provoqué ou assumé.

Après le viol, la femme perd, dans l'œuvre de Magritte, son visage, ses traits n'existent plus, ils sont invisibles et ne montrent que le malheur de ce qui s'est passé, dans la réification qu'elle est devenue. Ses cheveux ébouriffés sont le renoncement à se sentir belle, à se sentir femme, à devenir esclave et victime de son sexe.

Un acte aussi brutal l'a métamorphosée extérieurement et intérieurement. Son corps de jeune fille virginal a été brutalement

40

attaqué et l'a transformée, par la force, en prostituée. Elle a cessé d'être un enfant, une femme, pour devenir un objet, une propriété publique, un tableau qui peut être placé dans n'importe quelle pièce privée ou publique. Un objet sexuel à la portée de tous.

Le viol laisse la fille et la femme dans une situation vitale de syndrome de stress post-traumatique qui les conduira dans 60% des cas à la prostitution, après avoir intériorisé et normalisé les menaces de l'enfance, le dénigrement et l'humiliation. Le fantôme du passé l'accompagne tout au long de sa vie. La toxicomanie et l'alcoolisme sont également des moyens de faire face au viol qu'elles ont subi.

La prostitution ne peut jamais être considérée comme un choix ou un mode de vie, mais comme un moyen de transformer le proxénète en entrepreneur, les filles en marchandises de traite, les femmes en victimes éternelles et le viol en un acte aberrant légitime.

L'idée de légaliser la prostitution est continuellement mise en avant, tout comme les syndicats de prostituées, avec des arguments inconcevables car jamais un État de droit ne peut accepter ou permettre les agressions sexuelles, les viols ou les abus qui sont intrinsèques à la prostitution.

S'il est vrai que ce "travail du sexe" a été catalogué comme la plus ancienne profession du monde, il témoigne de la situation de coercition, de violence, d'inégalité et d'exploitation à laquelle les femmes ont été soumises. La défense de l'égalité ne peut lui accorder le moindre répit, mais doit exiger qu'elle soit sanctionnée pour avoir couvert des abus et des viols.

Filicide, la réponse du patriarcat au féminisme

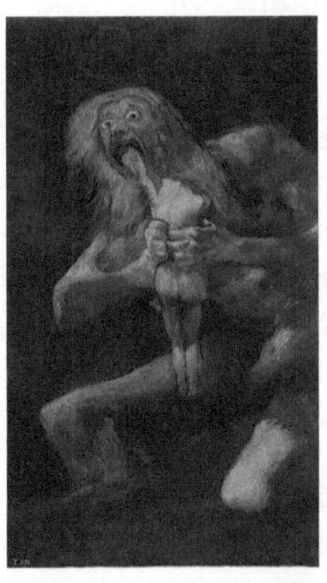

Francisco de Goya "Saturne dévorant son fils".
Huile sur plâtre. 146 × 83 cm. 1819-1823. Musée
du Prado.

*D*e la relation entre Uranus et Cybèle sont nés Saturne et son frère aîné Titan, qui lui a permis de régner à sa place à la condition de "ne pas élever ses enfants". Dans la mythologie romaine,

Saturne, le dieu de l'agriculture et des récoltes, à remplacé le grec Cronus.

Saturne épouse Ops (Rhea), avec qui il a plusieurs enfants, mais pour respecter le pacte qu'il a conclu avec son frère, il les dévore à la naissance. C'est pourquoi l'Ops a décidé de cacher Jupiter, Neptune et Pluton et de les élever en secret, en ne lui montrant que sa fille Junon. Sachant la tromperie, Titan enferma son frère et sa femme là où ils restèrent jusqu'à ce que Jupiter adulte affronte son oncle et le vainque, rendant ainsi à son père l'empire du ciel.

Le mythe de Saturne dévorant ses enfants est raconté par Ovide dans le "Fastos" du livre IV (197-200):

"(...) Saturne, voulant connaître la stabilité de son royaume, avait pour réponse un Oracle, qui le priverait d'un de ses fils. Avec cette peur, il donna l'ordre d'élever ses filles, d'avoir en sa femme Rhéa, ou Cybèle, et les mâles qui donnaient naissance, il les mangea lui-même. Quand Cybèle était enceinte, elle s'est enfuie sur l'île de Crète, où elle a donné naissance à Jupiter et Junon"

Sur le plan pictural, la représentation du mythe a été abordée par plusieurs maîtres de la peinture moderne et contemporaine et, malgré des chronologies différentes, toutes les images ont en commun la représentation isolée, l'obscurantisme de l'acte, la dramatisation de la scène et la supériorité et la force brutale exercée par le dieu face à l'innocence et à la vulnérabilité de la créature. Peut-être l'une des représentations les plus violentes et les plus sanglantes que nous offre l'histoire de l'art. Daniele Crespi, Rubens, Giulia Lama et Francisco de Goya sont quelques-uns des artistes qui ont représenté la légende.

Selon Freud, le mythe de Saturne est lié à la mélancolie et à la destruction, à l'impuissance sexuelle et au vide sentimental. Aujourd'hui, et compte tenu des avancées féministes, nous pouvons comprendre l'atrocité exécrable comme la dernière et la plus cruelle des actions que le patriarcat peut exercer contre les femmes et qui est le filicide comme une vengeance qui surpasse en bestialité l'acte de dévorer la descendante.

L'expression la plus couramment utilisée pour définir la mort d'un enfant est "infanticide" et dans le cas d'un décès de moins de 24 heures "néonaticide", cependant le terme correct pour définir le meurtre d'un fils ou d'une fille aux mains d'un parent est "filicide" qui selon les études misogynes de Resnick (1969) sur 131 cas documentés de 1751 à 1967, 88 étaient maternels et 43 paternels. Pour McKee & Egan, 2013, dans "A case series of twenty one maternal filicides in the UK", il s'agit de crimes commis principalement par des femmes.

Dans le même ordre d'idées, les médias espagnols écrivent en 2018. "Pacería un buen hombre", "Nunca presentiamos nada" "Era amable y educado" sont les titres qui font référence à "ces cas isolés" d'hommes qui assassinent leurs enfants et que "personne ne comprend" ou, pire encore, qui justifient comme toile de fond la situation économique et personnelle, la souffrance intense et même la générosité de vouloir éviter une vie misérable à leur progéniture, ils appellent "filicide altruiste".

Il existe également des cas de "filicides psychotiques aigus" et ceux-ci incluent ceux qui surviennent dans des situations délirantes, des états épileptiques ou psychotiques ou des troubles mentaux.

Pour ceux qui approuvent l'abus d'autorité et de pouvoir, nous trouvons le "filicide accidentel", car il est supposé que sans intention et dans une explosion de violence "maléfique" pour discipliner le mineur et l'éduquer, produire la blessure ou la mort.

Finalement, et pour parler de "filicide par vengeance", il est curieux de se référer au "syndrome de Médée", pour blâmer à nouveau la femme et rendre invisibles les meurtres des parents masculins.

En Espagne, le 25 septembre 2018, à Castellón, les deux filles d'Itziar ont été tuées, Nerea, 6 ans, et Martina, 3 ans, toutes deux "prétendument" poignardées par leur père après que la femme eut dénoncé à plusieurs reprises que Ricardo C. G., le père biologique des deux, l'avait menacée avec des phrases telles que "Tu peux dire au revoir aux filles", "Je vais t'enlever ce que tu veux le plus" ou "Tu vas être laissée tranquille". À partir de là, je vais finir en prison et tout le monde va mourir. Itziar, psychologue et expert en médiation familiale, qui travaille pour la fondation "Diagrama", avait décidé de se séparer de Ricardo, un ancien ouvrier de l'usine de carrelage qui était au chômage au moment du crime. Itziar, connaissant la situation de risque dans laquelle se trouvaient ses filles, a demandé la suspension du régime de visite. Itziar a fait déposer ses demandes. La mère de Nerea et Martina était une nuisance pour un fils macho du patriarcat. Avec une formation universitaire, indépendante en termes de travail et d'argent, elle ne pouvait être maîtrisée qu'en lui retirant ses filles. Le patriarcat a réussi.

La même année, Laura Ureta a perdu son fils Eloy. Le corps du garçon de 6 ans a été retrouvé avec celui de son père biologique Pere A.C. dans un ravin de la ville française de Cerbère. Ils vivaient dans une situation de garde partagée. Laura, qui a une formation universitaire et est financièrement indépendante, travaille à l'Institut catalan de la santé. Une autre femme qui avait résisté à la soumission et au patriarcat.

En mars 2018, Raquel M.M., professeur de langues et résidente de Getafe, a été "prétendument" assassinée par José Antonio Gálvez de ses enfants Alejandro, 13 ans, et Marina, 8 ans. Le père a noyé son fils et sa fille dans une baignoire, puis a placé les corps sur un lit et les a mis au feu. L'une de ses allégations était "J'irai en enfer et mes enfants au ciel".

A Alzira, en 2017, alors que Victorita allait travailler, le père biologique de sa fille de 2 ans lui a tranché la gorge avec un couteau.

Sans cligner des yeux et avec un regard glacial, en 2017 et après presque 2 ans de prison, David Oubel a été le premier Espagnol condamné à une peine de prison permanente révisable après avoir fourni des drogues pour engourdir puis égorger ses filles biologiques Amaia et Candela, âgées de 4 et 9 ans, avec un radial et un couteau de cuisine en 2015. Rocío Viétez, la mère, philologue, a décidé de divorcer de David. C'est le prix qu'elle a payé, la perte de ses filles.

À Carabanchel, en 2014, Jorge Diego Canepa, séparé de Veronica G.C.C., également sous le régime des visites, a tranché la gorge des deux bébés de 19 mois et poignardé l'enfant de 5 ans à 5 reprises, non sans avoir averti la mère "Tu ne reverras plus les enfants". La même année, dans les Asturies, José Ignacio Bilbao, avec une barre de fer emballée dans du papier cadeau, a battu à mort Amets, 9 ans, et Sara, 7 ans. Leur mère Bárbara Garcia, malgré sa peur, avait été forcée de les livrer pour que le meurtrier puisse exercer son droit de visite.

À Malaga, en 2013, Miguel Ángel, dit le parricide de la lumière, est allé rendre visite à son ex-partenaire et en a profité pour l'étouffer, elle et leur fils Gabriel, âgé de 5 ans.

Si ces cas ont ému notre société, tout aussi choquant a été, en 2011, le meurtre de Ruth et Joseph des mains de leur père José Bretón qui, séparé de la mère qui les a engendrés, le vétérinaire Ruth Ortiz, exerçant son droit de visite, leur a donné de fortes doses de médicaments puis les a brûlés dans un tas funéraire préparé par lui. Après des années de mauvais traitements et d'humiliation, Ruth a abandonné Breton. Il ne pouvait que lui faire du mal, comme dans les autres cas, avec ses enfants.

En Espagne, il y a 300 enlèvements d'enfants par an. Entre 2013 et 2017, 21 mineurs ont été assassinés et, s'agissant manifestement de cas de machisme vindicatif, les médias osent le justifier par des désordres, des épisodes et des "mauvais coups" détournant l'attention de la réalité et par le fait que ce n'est rien d'autre que l'intention de contrôle des hommes sur les femmes, un contrôle qui a ses racines dans le patriarcat et qui, s'il ne peut être exercé directement, se fait par l'intermédiaire des filles.

Comme dans le cas de la violence sexiste, le meurtre d'enfants dans les situations de séparation et de divorce n'est que la partie visible de l'iceberg. Les femmes vivent avec la violence, ayant été élevées dans le mythe de l'amour romantique, l'application judiciaire du syndrome inexistant de l'alignement parental ou d'autres tortures machiavéliques inventées par la culture patriarcale pour justifier les agresseurs et

51

les pédophiles et faire peser la charge de la preuve sur les femmes.

Il est tout à fait naturel pour une femme victime de mauvais traitements d'empêcher ses enfants de subir la même chose, et il est tout aussi anormal que les institutions remettent en question cette réaction, torturent les mineurs en les faisant passer par toutes sortes d'experts, judiciarisent leur vie, les forcent à avoir des relations avec des parents maltraitants et mettent à leur disposition toutes sortes de ressources (points de rencontre familiaux, séances de médiation, etc.) dans le but répugnant de faire intérioriser aux enfants la maltraitance et l'agression comme quelque chose de naturel. Les femmes et les enfants sont revictimisés par un système qui, loin de les protéger, les accuse. On les qualifie de mères malveillantes, d'enfants menteurs et capricieux, et d'enfants "pauvres parents qui ont besoin d'être avec leurs enfants". C'est l'idée dégoûtante qu'un abuseur peut être un bon père. C'est l'idée androcentrée que le mâle est le centre du monde et que tout doit tourner autour de lui.

Alors que le mouvement féministe se bat pour la libération des femmes (nous avons vu des exemples de femmes éduquées, libres, indépendantes, et en même temps victimes de violence sexiste qui rompent la relation), trop d'hommes continuent avec l'idée primale de possession et, face à la rupture, tuent l'enfant pour se venger. Ils demandent des arrangements de visite pour continuer à les torturer, pour éviter la pension alimentaire, pour continuer à exercer un contrôle, pour montrer que, quoi que fasse le mâle, il a des privilèges et la femme a le devoir d'obéir, pour montrer que le troupeau existe et pour nourrir son ego et son narcissisme.

Chaque année en Espagne, il y a environ 150 000 plaintes pour violence de genre et chaque année environ 300 cas d'enlèvement d'enfants. N'est-il pas naturel que face aux mesures des juges pour obliger les mères à livrer leurs pères violents, elles désobéissent judiciairement? N'est-il pas naturel qu'elles évitent une situation de risque? N'est-il pas compréhensible qu'elles souhaitent que leurs fils et leurs filles aient une enfance heureuse loin de la violence et de la souffrance?

Le bon sens nous dit que cela est pleinement justifié. Mais, comme dans la représentation de Goya, le système judiciaire met les mineurs en danger en permettant à des hommes violents bénéficiant d'un régime de visite de leur trancher la gorge, de les poignarder, de les étouffer, de les gaver de drogue, de brûler ou de battre leurs enfants à mort, sans aucune considération pour les enfants, uniquement pour se venger de la femme.

Bien que Francisco de Goya ait peint "La Quinta del Sordo" pour sa maison, la légende de Saturne s'est peut-être écartée du mythe et, comme dans d'autres de ses tableaux, a avancé dans le temps. Goya, dans une scène extraordinairement contrastée, par le biais du cadrage choisi et de l'éclairage en clair-obscur, propose le Dieu aux jambes enfoncées jusqu'aux genoux dans la boue qui l'immobilise. Dans un geste terrifiant, dramatisé par des couleurs noir et blanc, éclaboussé par le rouge du sang de Saturne, avec ses yeux exorbités, il ouvre les mâchoires pour continuer la mutilation du petit corps qu'il tient fermement de ses mains puissantes, déjà décapité et avalant son bras. Contrairement à d'autres artistes, le petit garçon, Goya, est remplacé par une femme aux hanches sinueuses, au dos étroit et aux jambes définies, mais petite, de la taille d'une poupée, qu'il dévore aussi avec brutalité, exactement comme le fait le système judiciaire de notre pays avec les femmes victimes de violence sexuelle, sous prétexte d'utiliser les filles et de les mettre à la disposition de leurs agresseurs, les plonge dans une double victimisation sans fin dont la fin glaciale est le filicide consenti et protégé par ces pouvoirs et couvert par les médias. Métaphoriquement, et il y a 200 ans, Goya, inspiré par cette légende, a pu faire une allégorie du pouvoir judiciaire patriarcal qui dévore les femmes.

Le féminisme dans l'œuvre de Fernando Botero

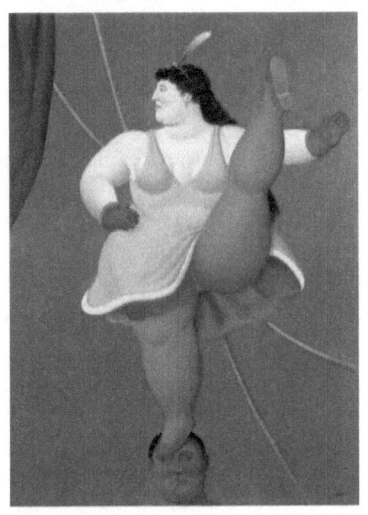

Fernando Botero "Femme de cirque". 2008.
Musée d'Antioquia.

En octobre 2018, l'artiste colombien Fernando Botero a présenté "Las Mujeres de Botero" (Les femmes de Botero), une œuvre qui rassemble les images féminines qu'il a créées tout au long de sa carrière artistique. Un total de 45 dessins à travers lesquels il veut rendre hommage au féminisme voluptueux, se déclarant "Le peintre du volume, pas des femmes grosses".

Né à Medellín en 1932, l'artiste colombien a vécu au Mexique, en Italie, en France et aux États-Unis. Sa base artistique et sa fondation ont été les grands maîtres de la peinture occidentale. Son style très personnel a conduit à parler de "Boterismo" puisqu'il a créé un style unique reconnu par le grand public. Cependant, les critiques spécialisés et ceux d'entre nous qui aiment l'art ne devraient pas juger son travail uniquement en fonction de ses figures spécifiques, mais aussi en fonction du tournant qu'il a donné aux thèmes traditionnels et légendaires du système patriarcal où les femmes ont toujours été stéréotypées, discriminées, cantonnées dans un rôle d'infériorité, sexualisées et sentimentales. Ces mêmes femmes Botero ont été mises en avant, avec force, expressivité et exubérance, non seulement par des images volumétriques, mais aussi en approfondissant des thèmes divers comme l'amour, les coutumes, le sexe, la vie quotidienne et la violence. Avec des thèmes inspirés des légendes de la mythologie grecque et romaine ou de visions passées, Botero a placé les femmes dans une situation d'égalité.

Un exemple en est l'interprétation par l'artiste du "Ravissement de l'Europe", dont la légende est basée sur le livre II des "Métamorphoses" d'Ovide.

C'est une histoire abominable masquée par la séduction et la tromperie qui ont précédé le viol et qui a été une source d'inspiration pour les artistes qui ont interprété le mythe. Cousin, Titien, Véronèse, Rubens, Rembrandt, Tiepolo, et même Goya et Moreau entre autres, ont produit des œuvres dans lesquelles l'Europe était une jeune femme impuissante, à moitié nue et terrifiée, chevauchant le taureau. Bien que chacun dans un style différent, tous les artistes coïncident pour la représenter en objectivant son corps, ravissant le spectateur dans la cruauté du moment, dans ses seins, sa douleur, son incapacité à empêcher la fin tragique. Fernando Botero, contrairement au reste des artistes, démystifie le mythe et nous présente une Europe retentissante, magnifique et triomphante sur le dos de la bête. Dans la vision de Botero, l'Europe a gagné et le lycanthrope s'est soumis, restant immobilisé dans les eaux alors qu'il pose devant le spectateur.

Il est évident non seulement l'utilisation magistrale et vivante du pinceau, la tridimensionnalité et le style personnel mais aussi l'interprétation du mythe qui prédit un viol et que la femme gagne. Sur ce même thème, l'artiste a créé trois sculptures en bronze, dont l'une se trouve à l'aéroport de Madrid-Barajas en Espagne et les deux autres à Medellin et Chicago.

Dans cette même ligne de pouvoir et d'interprétation de la valeur féminine. Botero a réalisé la série "Le Cirque" dans laquelle il a capturé avec sa rétine des images de femmes colossales, en plein mouvement, avec beaucoup de couleurs, dressant des animaux féroces et se plaçant au pouvoir, sans perdre son équilibre, sur un homme. Une vision très différente de celle que d'autres peintres avaient donnée auparavant du spectacle de cirque ou de la femme sur scène. Rappelons les productions de Seurat, Renoir, Picasso et autres impressionnistes qui représentaient des danseurs fragiles ou des artistes de cabaret abandonnés. La collection a été exposée à Medellin, en Allemagne, en Espagne, en Angleterre, en Italie, en Suisse et aux États-Unis, et l'artiste l'a créée en s'inspirant d'un cirque populaire au Mexique où il a vécu dans les années 1950.

La vision de Fernando Botero sur les femmes dans l'espace public est également différente. Les femmes, l'histoire, les coutumes et le patriarcat les ont soumises à l'espace domestique, aux tâches de soins, aux enfants, aux personnes dépendantes. Toujours associé à des scènes de mœurs et de coutumes, bucoliques, à des images sanctifiées ou ensorcelées. Historiquement, elle n'a pas eu sa place dans les espaces publics et, si elle l'a eue, c'est en tant qu'épouse, personne en deuil, mère ou dame d'honneur. Elle est toujours passive, peu instruite, ignorante, crânée ou mystique. De façon surprenante, l'artiste colombien dans ses peintures et avec la même volupté voit des femmes qui s'amusent, s'amusent, discutent, fument ou boivent sans être mises hors la loi par le lupanar.

Le thème du miroir a été une autre ressource artistique que de nombreux artistes ont utilisée pour montrer le corps des femmes, pour exposer leur nudité. Depuis Velázquez, et à travers toutes les Venuses jusqu'à aujourd'hui, la femme devant le miroir symbolise la vanité et la luxure, l'exposition devant la vitre qui rend l'image au spectateur. Des corps roses, veloutés et jeunes, qui invitent à être caressés, sont exposés dans toutes les galeries d'art. Ce sont des images concupiscentes qui opposent la simplicité et la simplicité avec lesquelles Botero aborde le sujet, des femmes qui soustraient involontairement tout érotisme à l'objet magique et à leur corps.

Les scènes intimes de femmes ont également fait l'objet, tout au long de l'histoire de l'art, d'œuvres qui ravissent la vision voyeuriste. Scènes où des corps nus sous des prétextes historiques ou quotidiens ont été surpris par l'univers androgyne. Les tâches quotidiennes telles que se laver, se peigner, s'habiller ou porter des chaussures sont devenues des scènes que certains ont qualifiées d'art érotique, sexuel et, enfin, pornographique. Cet érotisme réside dans la conversion du corps de la femme en tant qu'objet et, en soi, a soulevé une poussière qui fait face à la transgression et au puritanisme. À travers le corps nu, la culture patriarcale a construit un idéal et un canon de beauté, qui a été un autre instrument pour soumettre les femmes. Comme John Berger l'a souligné dans son documentaire "Ways of Seeing", dans une grande partie de l'art européen, la nudité des femmes a été représentée pour le plaisir d'un spectateur masculin.

Sans perversion et sans agression, il est surprenant de voir comment Fernando Botero reproduit des scènes intimes de femmes. Leurs corps ne sont pas disciplinés et leur identité n'est pas classée. Devant elles, pas besoin de se taire, pas de sentiments obscènes ni de modestie, elles ne sont pas stéréotypées, ni belles ni injustes, ce sont simplement des femmes qui ne provoquent pas de réactions masculines ou féminines, seulement de la complaisance et du respect pour la dignité du nettoyage quotidien et la grandeur du travail.

Les bains collectifs des femmes ont également été une source d'inspiration pour les artistes tout au long de l'histoire. Les bacchanales, les harems, les scènes de nymphes, de déesses et de putains entrant dans l'eau ont été la justification pour qu'un personnage masculin apparaisse ou se cache au beau milieu de la forêt, ce qui les effraie ou leur permet de se couvrir lorsqu'ils se sentent espionnés dans leur intimité. Étant des représentations mondaines, elles deviennent dramatiques car, au fond, elles contiennent des agressions sexuelles. Botero aborde le sujet avec une sérénité débordante. Deux femmes, calmes et sereines sur la plage, sortent de la salle de bain, sachant qu'une présence masculine a laissé ses vêtements à côté d'elles et, sans avoir peur, ni se couvrir, ni se cacher, elles profitent du moment pendant que l'homme, en arrière-plan, s'amuse à nager. Il n'y a pas de perversion ni de peur, seulement du respect entre les deux sexes.

Le thème de la femme à la fenêtre a également été traité par de nombreux artistes qui représentent des femmes qui, cachées dans leur chambre et sans se sentir observées, regardent à travers la vitre la vie qui s'en va ou lancent des sourires et des provocations à ceux qui passent. Vermeer, Murillo, Friedrich et Dalí en sont quelques exemples. Le cadre de la fenêtre représente la séparation du monde extérieur du monde intérieur, l'enfermement dans l'espace de la femme frustrée qui, en lisant, en cousant ou en regardant, accepte son destin tragique. Contrairement à cette iconographie, Botero représente la femme qui, sans aucune stupeur, entend continuer à observer à travers elle malgré le regard de ceux qui la surprennent en le faisant. Une autre femme qui est inébranlable face à la surprise, détendue, provocante et même amusée par sa passivité.

L'image d'une femme allongée sur un divan ou sur un thalamus a également été une ressource utilisée par de nombreux artistes tout au long de l'histoire de l'art. Bien que les majas de Goya viennent immédiatement à l'esprit, le sujet a été traité dès le Paléolithique, poussé par la culture classique et récupéré à la Renaissance et au Baroque. La Vénus du Titien, ou les majas de Romero de Torres, Muñoz Degrain, Raimundo Madrazo, Joaquín Agrasot, Anglada Camarasa et tant d'autres peintres, ont utilisé ce prétexte pour montrer la vision fragile de la féminité ainsi que pour traiter son corps nu orné de perles insinuantes comme un objet sexuel.

Fernando Botero, comme ses prédécesseurs, utilise cette iconographie mais avec un sens différent. Ses majas n'ont pas de connotations érotiques, ne font pas de clin d'œil au spectateur, ne l'invitent pas à des jeux sexuels et ne prétendent pas faire partie de ses désirs. Ce sont des femmes recréées en elles-mêmes, qui s'amusent, le plaisir de la lecture, du repos, de la nature, de leur solitude, de leur nudité et de l'espace qu'elles remplissent seules sans préciser ni attendre personne.

La rivalité entre les femmes est un autre aspect que les arts plastiques ont rendu visible et qui est le résultat du patriarcat. De belles femmes idéalisées, créées selon les goûts et les préférences de l'artiste et le moment culturel et historique, ont été les protagonistes de portraits individuels ou de scènes de groupe dans lesquels elles rivalisent pour atteindre le canon irréel de la beauté. Dans son travail, Botero nous offre des espaces sonores, de femmes égales, qui travaillent, coopèrent, s'amusent dans un espace ouvert ou fermé dans lequel elles se posent heureuses et unies comme des femmes équivalentes, proches et consonantes. Sans rivaliser ni rivaliser, sans plaire aux yeux, sans prétendre être saintes, belles ou héroïques, elles posent dans un naturel absolu en montrant leur féminité intemporelle.

La différenciation sur la base du sexe est une constante des œuvres d'art et des médias qui, en hypersexualisant les filles et en donnant aux hommes une position de supériorité et de pouvoir, génèrent des stéréotypes et des rôles qui encouragent le chauvinisme masculin. Dans l'abondante production de Fernando Botero, nous voyons comment, dès l'enfance, les garçons et les filles sont traités sur un pied d'égalité, même leurs caractéristiques physiques prévalent dans l'espace et le temps, adoptant des traits similaires chez les nourrissons et les adultes.

Des tableaux inter et intragénérationnels qui dénotent l'équité de ceux qui composent une communauté. Dans le milieu familial, les portraits de groupe dans lesquels les rôles familiaux sont inversés sont surprenants. Dans sa "famille colombienne" de 1973, c'est le père qui est assis avec un chat sur ses genoux pendant que les petits font des histoires, la mère debout et hiératique couronnant le sommet du tableau. A gauche, des bras portant un plateau de café, des bras sans sexe, sans rôle. Une composition très éloignée de celles produites au cours de toute l'histoire de l'art et dans laquelle le pater familias était celui qui montrait la posture debout symbolisant sa supériorité. Dans "Card Players II", une œuvre de 1991, il est fascinant de voir comment l'artiste fait participer les femmes à un jeu aussi masculin que les cartes. Pendant qu'ils cachent leurs tours et trichent pour gagner, ils participent au jeu en mettant leur nudité en arrière-plan.

La culture patriarcale a construit un système binaire et hétéronormatif dans lequel coexistent deux identités opposées, le masculin et le féminin. La première identité est celle des personnes fortes, courageuses, productives, indépendantes ; la seconde, celle des personnes faibles, vulnérables, reproductives, dépendantes et toutes deux générant un manque d'autonomie et de liberté.

En 1981, la psychologue américaine Sandra Bem, dans "Gender Schema Theory", a proposé l'indépendance des deux constructions contre l'idée traditionnelle de les considérer comme des extrêmes opposés. Elle a également introduit le concept d'androgynie pour définir les individus libérés des mandats de genre et qui combinent les deux identités. Sans renoncer à l'identité, Fernando Botero place dans son travail les hommes et les femmes sur un plan d'égalité qu'il aborde à la fois en réinterprétant des légendes comme Adam et Eve comme une scène de marche, une danse, un salut ou un spectacle de cirque. Les hommes et les femmes de Botero occupent le même espace, ont le même protagonisme, la même volumétrie et la même corporalité. Au repos ou en mouvement, ils ont la même relation avec l'espace et les objets, les mêmes sentiments et émotions. Ils partagent un monde intérieur, un état d'esprit qu'ils extériorisent dans chaque activité dont ils jouissent avec énergie et dans l'égalité. Il n'est pas nécessaire de parler d'autonomisation, car dans le travail, les hommes et les femmes sont puissants.

Jusqu'à présent, l'œuvre de Fernando Botero a été considérée comme un chef-d'œuvre, unique par son style et le volume de ses figures, que certains ont péjorativement qualifiées de "grosses" parce qu'elles sont rondes et gonflées comme des ballons. À mon avis, la grandeur de son œuvre réside dans son jeu de proportions, dans son examen de l'histoire, dans sa palette joyeuse et colorée qui motive le spectateur, dans sa perspective aplatie, son dessin impeccable, dans l'ampleur de sa production et, surtout, dans la grandeur qu'elle donne aux femmes auxquelles elle réserve un traitement inhabituel dans l'histoire de l'art et de manière essentielle dans le féminisme et l'égalité. Des femmes brillantes, magnifiques et colossales sont les femmes de Botero.

Susana et les vieillards, entre voyeurisme et exhibitionnisme

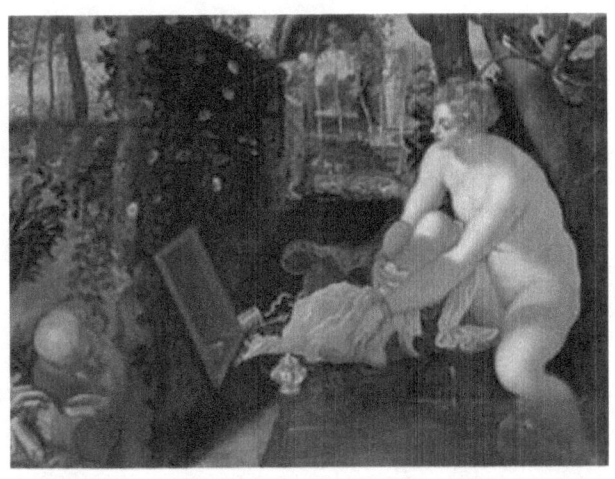

Jacopo Comin "Tintoret". "Susana et les vieillards". Huile sur toile. 147 × 194 cm. 1560-1565. Musée d'histoire de l'art de Vienne.

Historiquement, le harcèlement verbal et physique dans les rues est standardisé : regards, sifflements, paroles obscènes et tâtonnements dans les lieux publics. C'est ce que nous, les femmes, devons supporter au quotidien et, pour comble, pour justifier ces actes machistes dépravés qu'on nous accuse d'être exhibitionnistes. Une fois de plus, la culpabilité des femmes.

La culture du voyeurisme est celle de l'objectivation du corps de la femme, de l'habillage de la vitrine pour le plaisir de l'homme qui a normalisé son statut de supériorité depuis que la culture et la société lui ont permis de le faire en utilisant nos images stéréotypées comme bibelots de marché.

Les médias d'aujourd'hui n'ont rien inventé, ils se sont nourris d'images qui font partie de la culture depuis le début de l'histoire elle-même. Qu'une femme hypersexualisée, fatale, à moitié nue et ressemblant à une panthère soit utilisée pour vendre un parfum est aussi normal que celui d'une femme de 1,60 m et à la carrure large vendant des produits de nettoyage. Deux produits utilisés par les deux mais associés à un stéréotype différent de la femme.

L'iconographie de la femme créée pour le regard voyeuriste est née, entre autres, de la légende biblique de "Suzanne et les vieillards", qui est racontée dans le livre de Daniel 13, 8-22. Susannah était une belle femme juive qui, alors qu'elle prenait son bain, a été surprise par deux juges âgés qui, aveuglés par la passion, lui ont proposé d'avoir des relations sexuelles qu'elle a refusées. Elle, qui était mariée à Joachim, un riche juif en exil à l'époque, après avoir reçu plusieurs menaces de la part des deux vieillards, la calomnie et l'accuse d'adultère, demandant pour elle devant la loi, la mort. Au moment du procès et devant l'Assemblée, le jeune Daniel est apparu qui a pu les convaincre du faux témoignage de ces abuseurs pour qu'elle soit acquittée. L'histoire de Susannah implique un viol, bien que non consommé physiquement, exécuté devant la société, puni, harcelé et calomnié pour ne pas avoir satisfait les désirs de certains pervers.

L'histoire de Susannah est l'une des scènes bibliques les plus représentées dans les productions picturales, en particulier à la Renaissance et au Baroque, créant une iconographie qui a été reprise dans la peinture contemporaine et qui survit dans les publicités des médias actuels. La scène a permis non seulement de raconter une légende avec un message moralisateur mais aussi de la démoraliser en la représentant nue, provocatrice, exhibitionniste et en lui reprochant, en raison de sa beauté, les actes des deux vieillards. Une scène que la morale chrétienne a toujours acceptée, permettant aux artistes d'expérimenter et de montrer le corps féminin.

Tintoret et Goltzius ont interprété l'histoire en situant une Susannah luxuriante non seulement comme un objet de désir des deux malfaiteurs, mais aussi pour le plaisir voyeuriste de ceux qui l'observent au Musée du Prado ou au Musée néerlandais "Frans Hals". Dans les deux cas, l'immoralité des juges n'est pas jugée, mais le corps nu de la femme est exposé, ce qui fait d'elle la protagoniste coupable qui expose son corps.

La représentation la plus étudiée du féminisme de la légende est celle exécutée par Artemisia Gentileschi, pour être une femme, pour avoir été victime d'un viol et pour être une artiste dans la culture androcentrique du XVIIe siècle. Le peintre caravagiste a affronté l'histoire avec une nouvelle vision, plus humaine, réaliste et proche de la légende et dans laquelle, malgré le corps nu de la jeune femme, il y a un message vertueux, un traitement non conventionnel où l'intimité violée de celle-ci, le harcèlement et l'intimidation des anciens sont mis en évidence. Où ils apparaissent menaçants et où elle est intimidée.

Une autre exception au traitement voyeuriste est celle du peintre espagnol José de Ribera, dont l'œuvre, exécutée en 1615, est exposée à l'Académie royale des beaux-arts de San Fernando.

Cependant, ce sont des exceptions puisque le harcèlement et le siège dont Susana a été victime, les artistes l'ont évité pour le remplacer par le désir d'un corps jeune et nu qui, à nouveau et sans le vouloir, est le protagoniste des œuvres.

Rubens, Rembrandt, Sebastiano Ricci, Franz von Stuck ont éclipsé l'histoire dramatique de Susanna et remplacé l'image d'une victime d'agression sexuelle par une Vénus dont la beauté attirait les regards masculins, incitant à la perversion du voyeurisme.

En 1890 et avec Lovis Corinth, l'histoire biblique devient la scène quotidienne de la femme sortant du bain, la décontextualisant de son histoire et cachant l'ombre des vieux hommes derrière un rideau avec lequel ils sont confondus. Au fil du temps, l'histoire est oubliée et la recherche de la provocation s'impose.

Paul Sésurier en fait une Tahitienne joyeuse et Emile Nolde une insatiable promiscuité d'une passion irrépressible. Picasso, en 1955, avec une palette pleine de couleurs et de contrastes chromatiques, dans une vision très personnelle, est aux antipodes de l'histoire. Susana, sans honte ni gêne, se repose placidement sur un divan, les tétons en érection et, peut-être, en appréciant le regard des vieillards. Un vrai régal pour tous ceux qui visitent la Fondation Almine et Bernard Ruiz-Picasso pour l'art à Bruxelles. Picasso a transformé Susana, la victime, en une heureuse promiscuité.

Nous voyons comment, dans un récit historique effrayant et terrifiant, le message a été inversé en fonction des goûts, des modes ou des préférences de ses créateurs.

On parle de micro-machismes, de harcèlement de rue, de violence, d'agressions physiques et verbales, mais il semble que ces actes aberrants soient l'apanage d'une minorité masculine non formée, de bars et de pions, de membres de gangs et de vieux cochons, de bars et de pièces de théâtre. Cependant, ce misérable crétinisme machiste est évident dans toutes les institutions, bien qu'avec plus de diplomatie et sous l'excuse de la culturalisation.

Que les femmes aient été une source d'inspiration est un fait, qu'elles ont été les passives de la conception aussi, que l'art est une création sublime, bien sûr, et que nous devons aussi le réviser dans une perspective de genre.

Les institutions muséales sont actuellement des temples passifs de la connaissance qui pourraient bien devenir des agents actifs de socialisation et de formation. Ils ne peuvent en aucun cas le faire en exposant uniquement des œuvres réalisées par des artistes masculins, ni en exposant des œuvres qui, loin de l'esprit critique et de la formation à l'égalité, contribuent à la promotion du voyeurisme en nous montrant les femmes exclusivement comme Vénus, nues, exhibitionnistes ou provocatrices, et en omettant les messages inhérents aux œuvres.

Les œuvres d'art sont la reproduction plastique de la réalité des femmes, de la vision de l'artiste, de son moment culturel, de son idéologie et de son sentiment et en aucune façon nous ne pourrons les comprendre en les décontextualisant car le faire ne fait que raviver l'obscénité et l'agression sexuelle.

L'heure est à la révision, à la recherche de nouvelles approches, et cela doit se faire à partir du point de départ de la réalisation d'une égalité effective entre les hommes et les femmes.

L'histoire de Susana est celle de femmes qui, en tant que victimes d'agressions et d'abus sexuels, passent du statut de victimes à celui de coupables dans une société patriarcale. Jamais notre intimité, notre façon de nous habiller ou d'agir ne pourra justifier ou atténuer le crime de l'agresseur, et encore moins renverser la charge de la preuve.

Un string, un sourire amical, un pantalon serré ou une jupe courte sont autant de preuves fournies par la misogynie institutionnelle pour encourager les violeurs silencieux à agir en toute impunité.

Le regard féministe sur les œuvres d'art est absolument nécessaire pour comprendre comment, à partir de mythes et de légendes, la société dans laquelle nous vivons s'est construite. Un imaginaire collectif qui place les femmes entre l'exhibitionnisme et le mal alors qu'en réalité le voyeurisme et l'agressivité ont été normalisés.

Les collections picturales et les musées doivent nécessairement utiliser leurs fonds pour la prévention et la sensibilisation à la violence masculine. Les expositions féministes ne peuvent se contenter de rendre visible la contribution culturelle des femmes, *de sauver leur nom ou de dépoussiérer leurs œuvres. Ils doivent et peuvent utiliser les créations des hommes pour démasquer l'univers machista, la conception des femmes, la construction créée et, dans un esprit critique, déconstruire de nouveaux horizons pour les femmes et les hommes.*

La grande œuvre ou le grand maître ne doit pas seulement l'être en raison de sa technique, de sa valeur économique ou de son unicité historique, mais aussi en raison de sa contribution à l'amélioration de la société. Passer du statut de temple passif de la connaissance à celui d'agent actif de socialisation dépend uniquement de la volonté et de la bonne volonté des institutions muséales.

Première vague féministe dans l'œuvre de Jacques Louis David

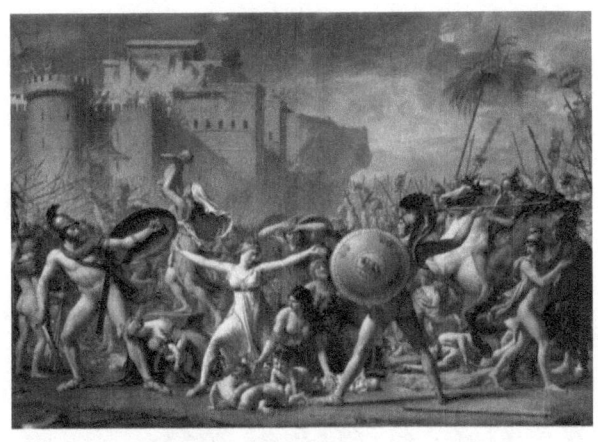

Jacques Louis David "Enlèvement des Sabines".
Huile sur toile. 385 × 522 cm. 1799. Musée du
Louvre (Paris).

En France, en 1799, Jacques Louis David, dans un style néoclassique français, a créé ce qui, en plus d'être l'un de ses chefs-d'œuvre, a été la légende la plus populaire du "Ravissement des Sabines".

Il s'agit d'une huile sur toile de magnifiques dimensions (385×522 cm.) qui est conservée au musée du Louvre à Paris. Son travail réaliste et bien organisé nous invite à connaître sa version sur le jour où les hommes Sabins sont entrés à Rome avec l'intention de récupérer les femmes que les Romains avaient enlevées.

L'historien romain du premier siècle, Titus Livius, dans son ouvrage "Ab urbe conditia, I", raconte:

"Comme le peuple romain grandissait et n'avait pas de femmes, les habitants étaient en effet des bergers. Ils ont envoyé des ambassadeurs dans les pays voisins pour demander une alliance, mais les peuples voisins n'ont pas écouté l'ambassade.

Romulus a donc préparé les jeux et a invité les jeunes à regarder les émissions. De nombreux voisins sont venus au palais, pour la plupart des Sabines avec leurs filles et leurs femmes. À l'approche de l'heure du spectacle, Romulus a ordonné l'enlèvement des jeunes filles et des femmes Sabine. Les jeunes filles romaines couraient partout. Ce *fut la cause de la guerre entre les Romains et les Sabins.*

La bataille a été féroce / féroce et mortelle. Alors / À ce moment plein de larmes, les filles Sabine se mettent au milieu de la bataille et crient à haute voix:

Nous ne voulons pas mourir, nous ne voulons pas vivre comme des veuves." Romulus et Titus Tacius, le chef des Sabines, ont fait la paix et se sont alliés".

L'enlèvement des Sabines est donc une légende qui décrit l'enlèvement des femmes de la tribu des Sabines par les fondateurs de Rome. Dans les premiers temps de Rome, et selon l'histoire, il y avait peu de femmes, alors Romulus (son fondateur et premier roi) a organisé dans la ville quelques événements sportifs et a invité les villages voisins, avec l'intention d'enlever leurs femmes. Au début des jeux, les soldats romains ont procédé à l'exécution des ordres de leur roi en kidnappant les femmes Sabines et en expulsant les hommes de la ville.

Kidnappées, indignées et violées, elles ont été forcées d'épouser les soldats romains. Parmi eux, Romulus choisit Hersilia, fille de Titus Tacius, roi de Sabinia.

Des années plus tard, les Sabins, qui n'avaient pas oublié le double outrage, ont attaqué les Romains dans le but de récupérer leurs femmes. En ces années-là, elles avaient été mères et avaient des fils et des filles d'hommes romains, alors, au milieu de la bataille, elles se tenaient entre les deux camps en les suppliant d'arrêter car dans la bataille elles allaient perdre des pères, des frères, des fils et des maris.

Les Romains et les Sabins ont repris leurs esprits et, pour célébrer la réconciliation, ils ont organisé un banquet. Titus Tacius, roi de Sabinia et Romulus, a formé une diarchie jusqu'à la mort du premier.

La légende de cet enlèvement a été interprétée en 1637 par le classiciste français Nicolas Poussin, sur une toile de grand format (154,6×209,9cm) exposée au musée du Louvre à Paris, qu'il a réalisée pour le cardinal Luigi Omodei ; au milieu du XVIIe siècle, la légende de l'enlèvement a été interprétée par l'artiste français Nicolas Poussin, sur une toile de grand format (154,6×209,9cm) exposée au musée du Louvre à Paris, qu'il a réalisée pour le cardinal Luigi Omodei ; au milieu du XVIIe siècle, la légende de l'enlèvement a été interprétée par le classiciste français Nicolas Poussin, sur une toile de grand format (154,6×209,9cm) exposée au musée du Louvre à Paris, qu'il a réalisée pour le cardinal Luigi Omodei Au milieu du XVIIe siècle, il a inspiré le peintre baroque italien Giovanni Francesco Romanelli, en 1874 l'impressionniste espagnol Francisco Pradilla et en 1963 Ruiz Picasso sur une grande toile (162×147 cm.) qui est exposée entre autres à la Fondation Beyeler à Bâle.

Dans toutes ces œuvres, les femmes Sabines apparaissent faibles, vulnérables, terrifiées, victimes de l'aberration brutale. L'œuvre du néoclassiciste français, en raison de ses idéaux politiques, nous est révélée avec un message différent.

David a participé activement à la Révolution française, d'abord près de

Robespierre et, à sa chute, de Napoléon Bonaparte. Il était considéré comme le peintre de la Révolution. Les idées essentielles des Lumières ont imprégné sa vie, et son œuvre condense les idées de "la raison comme seul moyen d'atteindre la vérité, le progrès pour atteindre le bonheur" (Voltaire), "la nature comme origine de tout ce qui est authentique, vrai et vrai" (Rosseau) et "le bonheur comme droit intrinsèque de la personne". La politique, donc, devrait être l'art de rendre les gens heureux.

Dans ce mouvement éclairé, la première vague féministe a eu lieu avec ses idées révolutionnaires sur le rôle des femmes dans la société et leur rôle en tant que citoyennes. Le philosophe français Olympe de Gouges, en 1791 après une vie de militant et d'abolitionniste et deux ans avant de mourir à la guillotine, a publié la "Déclaration des droits de la femme et du citoyen" défendant l'égalité entre les hommes et les femmes dans tous les aspects de la vie publique et privée, y compris l'égalité avec les hommes dans le droit de vote, dans l'accès au travail, dans l'expression publique des questions politiques, dans l'accès à la vie politique, dans la propriété et le contrôle des biens, dans l'armée ; même l'égalité fiscale ainsi que le droit à l'éducation et à l'égalité de pouvoir dans la famille et l'église. Ses propositions révolutionnaires sont résumées ci-après :

I - Une femme naît libre et reste égale à un homme en droits. Les distinctions sociales ne peuvent être fondées que sur l'utilité commune.

II - Le but de toute association politique est de préserver les droits naturels et imprescriptibles des femmes et des hommes ; ces droits sont la liberté, la propriété, la sécurité et, surtout, la résistance à l'oppression.

III - Le principe de toute souveraineté réside essentiellement dans la Nation qui n'est rien d'autre que l'union de la Femme et de l'Homme : aucun corps, aucun individu, ne peut exercer une autorité qui n'émane pas d'eux.

IV. la liberté et la justice consistent à rendre tout ce qui appartient à autrui ; ainsi, l'exercice des droits naturels des femmes n'est limité que par la tyrannie perpétuelle que l'homme leur oppose ; ces limites doivent être corrigées par les lois de la nature et de la raison.

V - Les lois de la nature et de la raison interdisent toute action nuisible à la Société : tout ce qui n'est pas interdit par ces lois, prudentes et divines, ne peut être empêché et nul ne peut être contraint à faire ce qu'il ne commande pas.

VI - La loi doit être l'expression de la volonté générale ; tous les citoyens doivent participer à sa formation, personnellement ou par l'intermédiaire de leurs représentants. Elle doit être la même pour tous ; tous les citoyens, étant égaux à leurs yeux, doivent être également admissibles à toutes les dignités, à tous les postes et à tous les emplois publics, selon leurs capacités et sans autre distinction que celle de leurs vertus et de leurs talents.

VII - Aucune femme n'est exempte d'être accusée, arrêtée et détenue dans les cas déterminés par la loi. Les femmes obéissent à cette loi stricte comme les hommes.

VIII. la loi ne doit prévoir que des sanctions strictes et manifestement nécessaires et nul ne peut être puni plus qu'en vertu d'une loi établie et promulguée avant l'infraction et appliquée légalement aux femmes

IX. toute femme reconnue coupable est soumise à la pleine force de la loi.

X. Nul ne doit être inquiété pour ses opinions, même fondamentales ; si une femme a le droit de monter sur l'échafaud, elle a également le droit de monter au tribune à condition que ses déclarations ne troublent pas l'ordre public établi par la loi.

XI. la libre communication des pensées et des opinions est l'un des droits les plus précieux des femmes, car cette liberté assure la légitimité des parents par rapport à leurs enfants Tout citoyen peut donc dire librement, je suis la mère d'un enfant qui vous appartient, sans qu'un préjugé barbare ne l'oblige à cacher la vérité ; sauf qu'il peut répondre de l'abus de cette liberté dans les cas déterminés par la loi.

XII. la garantie des droits des femmes et des citoyens implique une plus grande utilité ; cette garantie doit être instituée au profit de tous et non pour l'utilité particulière de ceux à qui elle est confiée.

XIII - Pour le maintien de la force publique et pour les dépenses administratives, les contributions des femmes et des hommes sont les mêmes; ils participent à tous les avantages personnels, à toutes les tâches pénibles ; ils doivent donc participer à la répartition des postes, emplois, fonctions, dignités et autres activités.

XIV - Les citoyens et citoyennes ont le droit de vérifier, par eux-mêmes ou par l'intermédiaire de leurs représentants, la nécessité d'une contribution publique. Les citoyens ne peuvent l'approuver que si une répartition égale est admise, non seulement dans la fortune mais aussi dans l'administration publique, et s'ils déterminent la quote-part, l'assiette, la perception et la durée de l'impôt.

XV - La masse des femmes, regroupée avec celle des hommes pour la contribution, a le droit de demander un compte de leur administration à tout agent public.

XVI. toute société dans laquelle la garantie des droits n'est pas assurée, ni la séparation des pouvoirs déterminée, n'a pas de constitution ; la constitution est nulle si la majorité des individus qui composent la Nation n'a pas coopéré à son élaboration.

XVII. la propriété appartient à tous les sexes, qu'ils soient unis ou séparés ; c'est un droit inviolable et sacré pour chacun ; nul ne peut en être privé comme d'un véritable patrimoine de la nature, à moins que la nécessité publique, légalement établie, ne l'exige de façon évidente et sous condition d'une juste et préalable compensation.

En Angleterre, en 1792, Mary Wollstonecraft publie ses "Vindications of the Rights of Women", centrant sa réflexion sur l'égalité de l'intelligence et le droit à l'éducation.

Jacques-Louis David a été reconnu comme l'artiste de la révolution parce que, inspiré par les modèles et les légendes gréco-romaines d'une grande austérité et sévérité, il leur a donné une valeur morale qui correspondait à celle des Lumières.

Cependant, compte tenu de sa coexistence avec les premiers idéaux féministes, en observant son travail, on peut supposer l'influence qu'ils ont exercée sur lui. L'image traitée par d'autres peintres antérieurs des femmes Sabine prend un tournant radical dans l'œuvre de David. L'artiste choisit le moment où les Sabins se rendent à Rome pour la deuxième fois pour récupérer leurs femmes, plutôt que le moment de l'enlèvement, comme le faisaient ses prédécesseurs.

Le protagoniste de sa peinture est une femme victorieuse, triomphante et déterminée. Son image n'est pas réifiée, elle n'est pas vulnérable, ni faible, et elle n'a pas besoin de montrer ses seins pour attirer l'attention. C'est une femme qui, avec énergie et sans perdre sa féminité, se place entre les deux camps, leur imposant par son geste une cessation de la lutte.

Apparemment, la composition semble bigarrée, chaotique, avec une foule immense, mais c'est une illusion d'optique que l'artiste réalise grâce à la multitude de lances qui sont tirées en arrière-plan. En réalité, il n'y a pas trop de personnages. Sur le côté droit et près de la ville de Rome apparaissent les soldats romains, l'un d'entre eux se distingue, qui pourrait être Romulus à la tête de ses troupes. A gauche, les Sabines, en plus grand nombre. A cette occasion, ce sont les corps en bronze, des hommes jeunes et nus qui ont une charge érotique, tandis que les femmes posent avec une totale dignité. Une mention spéciale mérite la femme du centre, Hersilia, épouse de la force de Romulus et fille de Titus Tacio, vêtue de blanc et avec une posture en girouette retenant les deux côtés. A ses pieds, des femmes qui protègent leurs enfants, des garçons et des filles qui sont le produit des viols et des atrocités subies par les femmes

Sabine qui empêchent maintenant la guerre pour les protéger.

Le travail de David révèle que les Romains et les Sabins se sont battus les uns contre les autres uniquement pour le sentiment patriarcal de la possession des femmes comme propriété et objet de reproduction. Tous deux ne pensaient qu'à la compétition, à la victoire et au triomphe des femmes, sans se soucier du mal, du préjudice et des conséquences de ces actes terribles. Toujours, et en temps de guerre, les plus vulnérables sont les femmes, en particulier les filles et les adolescentes qui, sans pitié ni sensibilité, sont impitoyablement violées et enceintes.

En plus des dommages qui ne peuvent être réparés par le viol, la société stigmatise et discrimine les femmes en les blâmant, ainsi que le fils ou la fille qui est le produit de l'aberration. Beaucoup sont expulsés de leur foyer, de leur famille et de leur communauté et le système judiciaire et social ne répond pas à ces cas. Cette situation conduit généralement à l'extrême pauvreté et à l'ostracisme de ces femmes. Paradoxalement, comme on peut le voir dans l'œuvre de

David, au lieu de les blâmer, de les répudier ou de les abandonner, ils les aiment, les justifient et les protègent.

Traditionnellement, l'œuvre de David a été interprétée comme une représentation historique qui, inspirée par un événement de la Rome classique, profite de l'occasion pour soulever dans la France révolutionnaire la nécessité d'une réconciliation du peuple français après les luttes de cette époque. Dans une perspective féministe, l'œuvre serait un décalogue revendiquant les droits des femmes, la présentation de la nouvelle femme contemporaine.

L'enlèvement de l'Europe, l'autonomisation des femmes et la politique actuelle

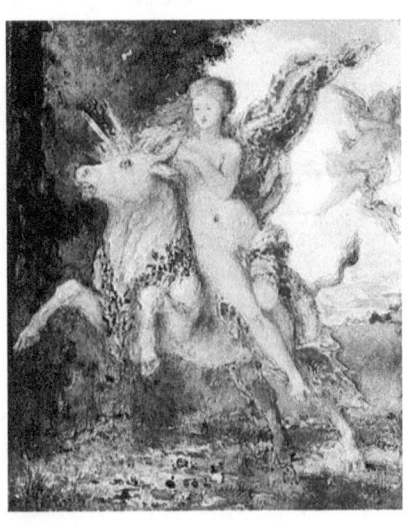

Gustave Moreau "L'enlèvement de l'Europe". Aquarelle. 1869. Wadsworth Atheneum Museum, Hardford, Connecticut, États-Unis.

Selon la légende racontée par Ovide dans le livre II des "Métamorphoses", Europa était une belle jeune fille du roi de Tyr. Lorsque Zeus l'a aperçue depuis l'Olympe, il a été fasciné par elle. Ne sachant pas comment approcher la jeune fille, il se mêla au bétail que possédait son père, se transformant en un taureau blanc qui alla se rendre aux pieds de la jeune fille et qu'Europa caressa jusqu'à ce qu'elle finisse par grimper sur son doux dos. Zeus, qui attendait cette action, se leva immédiatement et partit pour la mer. Victime de la tromperie, Europa a crié et s'est accrochée aux cornes courbées pour ne pas tomber, tandis que la bête s'est enfoncée dans les vagues et s'est éloignée de la terre jusqu'à ce qu'elle atteigne la Crète où elle a été retenue pour le reste de sa vie. Alors que les frères et la mère de l'Europe, en désespoir de cause, la cherchaient sans la trouver. En Crète, Zeus lui a révélé son identité et l'a possédée. De ces viols incessants, Europa a eu trois enfants : Minos, Ramadantis et Sarpedon.

Textuellement, dit le poète:

"Et peu à peu, la peur dissipée, priez que ses seins lui prêtent pour qu'avec sa main virginale il la sente, priez les cornes, qu'il fasse une guirlande

pour en prévenir de nouveaux. La vierge royale aussi osait, ignorant de qui elle chevauchait, s'asseoir sur le dos du taureau :

quand le dieu, de la terre et de la côte sèche,
insensiblement, la fausse plante de ses pieds
au premier met dans les vagues ; de là il va
plus loin, et par les surfaces de la moitié du
ponton et porte son butin. Elle est effrayée,
et, ayant pris son littoral abandonné, elle y
tourne les yeux, et de la main droite elle a
une corne, l'autre sur le dos est imposée;
tremblant avec la brise elle agite ses
vêtements".

Une autre histoire abominable masquée par la séduction et la tromperie qui ont précédé le viol et qui a été une source d'inspiration pour les artistes qui ont interprété le mythe.

Un mythe qui a évolué dans sa représentation picturale, passant d'une femme terrifiée qui se fait kidnapper à une femme qui maîtrise la bête. Un mythe de Cousin à Botero en passant par les grands maîtres de la peinture.

En 1550, Jean Cousin, un représentant de la Renaissance française, s'est recréé dans la scène qui fait aujourd'hui partie d'une collection privée. Le moment choisi est la traversée du fleuve, en quittant la maison de la jeune fille kidnappée, alors qu'elle s'accroche aux cornes de l'animal, qui porte une couronne de triomphe autour de son cou, tout en regardant quelques cupidons qui l'accompagnent dans le voyage sur le dos de quelques robinets ailés. Une fois de plus, ces symboles d'amour masquent une trahison. La figure claire et expressive de l'Europe est habillée d'une tenue légère.

Dans l'Italie de la Renaissance, l'interprétation de la légende est similaire. En 1560, Tiziano Vecellio a saisi le même moment de l'histoire, mais dans une version plus dramatique et plus plausible. L'Europe, vêtue de vêtements classiques, bien que déchirée par la lutte pour rester sur le dos du taureau, donne des coups de pied et hurle au regard indifférent de la bête. A cette occasion, deux cupidons tirent des flèches du ciel, essayant de transformer cette scène en une scène d'amour et de passion. L'œuvre se trouve au musée Isabella Stewart Gardner à Boston.

Le maniériste italien Paolo Veronese, en 1580, a fait une interprétation plus intime du thème et, plaçant la scène dans le moment de la tromperie, montre Zeus dans son déguisement captant l'attention de l'Europe qui le caresse et s'assied sur son dos, profitant de la bête pour lui lécher le pied. La victime est accompagnée de ses amis qui, trompés eux aussi, ont habillé la jeune femme aveuglée par les cupidons qui apparaissent sur le dessus de la toile. Dans la composition, comme s'il s'agissait d'une histoire, la séquence suivante apparaît sur le fond droit, dans laquelle ses proches la recherchent tandis que le monstre disparaît avec elle à l'intérieur des terres. Cette merveille maniériste se trouve au musée du Capitole à Rome.

Dans son admiration pour le Titien, Peter Paul Rubens a fait une copie de la même œuvre pendant son séjour en Espagne et l'a fait entrer dans la collection royale espagnole. Celui signé par Rubens en 1628 se trouve au Museo del Prado.

Le baroque flamand a également été représenté par Rembrandt Harmenszoon van Rijn en 1632, qui a peint un tableau de moyen format (66,2x77cm.) qui se trouve actuellement au musée J. Paul Getty de Los Angeles, aux États-Unis.

Contrairement aux compositions précédentes, Rembrandt décontextualise la scène de son moment historique et la pose comme un événement du milieu du XVIIe siècle, en habillant les dames de costumes et d'ornements d'époque. Dans sa peinture, il n'y a pas de cupidon, ni de justification de l'atrocité. La bête quitte le continent avec l'Europe sur le dos dans la terreur, tandis que deux jeunes filles terrifiées et sans défense assistent à l'enlèvement et sont laissées sur la rive.

Le baroque italien fait également écho à la scène. En 1720, Giambattista Tiepolo a représenté l'enlèvement qui est aujourd'hui exposé dans la Galleria dell'Accademia à Venise. Contrairement à d'autres interprétations, celle de l'Italie propose l'Europe avec une tunique sévère sans ornements. Malgré le geste chaleureux de l'animal, la femme reste hiératique, hermétique, une proie de la réalité qui s'ensuit malgré les petites histoires d'amour qui tentent d'adoucir la scène. Les amis de l'Europe, terrifiés, semblent savoir au milieu de la tempête que l'avenir immédiat de la jeune femme approche.

Dans sa jeunesse et sa formation en Italie, notre génie Francisco de Goya, en 1772, a également représenté la légende du viol de l'Europe et fait aujourd'hui partie d'une collection privée. Il s'agit d'une toile de format moyen (47×68 cm.) dans laquelle, loin d'apparaître comme une scène bucolique, elle représente avec beaucoup de drame le moment où le taureau, cette fois-ci noir et courageux, monte vite, enlevant la jeune femme et laissant trois autres jeunes femmes hurler et lever les bras en panique, tandis que l'Europe les regarde de façon inconsolable. L'image est enveloppée dans un paysage ténébreux, où la gamme chromatique des couleurs terreuses confond le ciel et la terre, annonçant la catastrophe. Il n'y a pas de justifications ou d'éléments ornementaux qui nous empêchent de penser à autre chose qu'à l'enlèvement violent de la jeune femme par la bête.

La charge dramatique et plausible que nous avons vue dans les œuvres précédentes sur le même thème, disparaît dans l'aquarelle que le symboliste français Gustave Moreau a réalisée en 1869 et qui se trouve au Wadswort Atheneum Museum Hardford dans le Connecticut, aux États-Unis. À cette occasion, les attitudes sont inversées, la bête manifestant toute sa fureur et sa brutalité tandis que la jeune femme assise sur son dos chevauche nue, se couvrant les seins avec son bras et son sexe avec un tissu, mais sans montrer d'autre sentiment que la passivité, voire le bonheur puisque le Cupidon qui l'accompagne pourrait lui faire croire qu'il s'agit d'un acte d'amour.

Dans un style unique, le Colombien Fernando Botero, dans le style figuratif et dans la décennie des années 70 du XXe siècle, a eu recours à ses figures monumentales et rondes aux volumes courbes attrayants et aux formes doucement arrondies pour raconter la légende. Dans ce cas, l'Europe voluptueuse, détendue, nue et sûre est montrée souriante, assise sur le dos de la bête immobile au milieu de la mer, insinuant son triomphe et l'acceptation par la bête de ne pas pouvoir achever le plan élaboré. Une version différente qui incite à réfléchir à l'égalité entre les deux sexes.

Dans l'évolution de ce mythe légendaire, nous pouvons deviner l'évolution des femmes *dans le panorama politique actuel qui est passé, au cours des dernières décennies, de l'invisibilité totale à une certaine présence publique, bien sûr sous forme de plaidoyers et de pétitions pour obtenir un rôle secondaire dans un coin quelconque.*

Nous, les femmes, nous représentons 52 % de la population espagnole et, en tant que représentation maximale, nous avons réussi dans des moments glorieux à avoir un ministère qui s'occuperait de nos intérêts et de nos demandes. Les grands groupes politiques ont obtenu nos voix en échange de peu et, à cause de leur corruption et de leur mauvaise gestion, nous sommes sur le point de perdre une loi que des siècles de lutte nous ont coûté : La loi de l'égalité.

Tout comme l'interprétation picturale du mythe de l'Europe a évolué au cours de l'histoire, il est temps pour nous, les femmes, de prendre conscience de notre condition et, avec un sentiment de surprise, de nous donner les moyens d'agir dans la sphère publique.

Tenter de se tailler une place dans la politique masculine n'a servi à rien. Les listes de parité n'ont pas non plus permis de briser les plafonds de verre. Nous avons la même situation pour les postes de direction dans les entreprises publiques et privées.

Le problème n'est pas seulement un problème de chiffres. Les quotas de représentation des femmes ayant augmenté, la durée de leur mandat a diminué. Soixante pour cent des femmes députées ne restent que pour une seule législature et en fait, seules trois femmes, Ana Balletbó (PSOE), Carmen del Campo Casasús (PSOE) et Celia Villalobos (PP), sont restées pour six législatures au Congrès des députés. Cette rotation signifie que les femmes n'ont pas de réel pouvoir.

C'est peut-être l'un des objectifs de la quatrième vague féministe, en plus d'avoir une représentation égale dans l'espace public et politique, de le féminiser et d'avoir un pouvoir réel en restant au pouvoir afin que nos intérêts soient défendus.

Le baiser de Klimt et le mythe de l'amour romantique

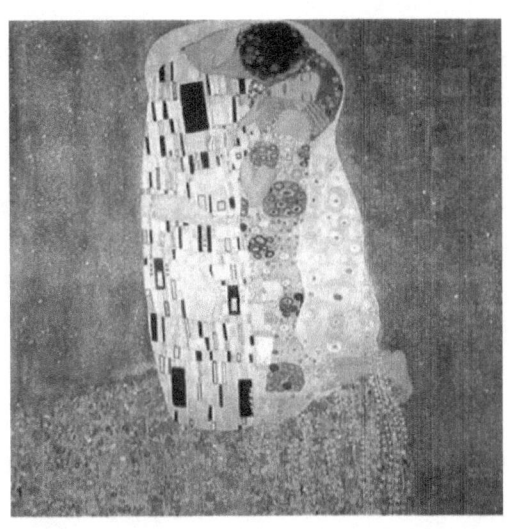

Gustav Klimt "Le baiser". Huile sur toile. 180 × 180 cm. 1907-8. Österreichische Galerie Belvedere, Vienne, Autriche.

Le merchandising a rendu cette œuvre si populaire et l'a reproduite de tant de façons qu'il n'y a guère de gens qui ne décorent pas leur chambre, leur salon, leur bureau ou ne marquent pas l'endroit où ils ont arrêté de lire un livre d'une empreinte, d'une affiche ou d'une carte postale de cette œuvre d'art. Captivé par sa couleur, ses formes sinueuses ou son invitation à l'émerveillement, il nous captive tous.

Une œuvre de grand format (180×180 cm.) qui, pour être reproduite, a été tronquée à droite et à gauche de manière à nous paraître rectangulaire, alors que sa configuration originale est carrée.

Son auteur, Gustav Klimt, le plus grand représentant du symbolisme autrichien, du mouvement moderniste et de la Sécession viennoise, est né le 9 décembre 1862 à Baumgaten, près de Vienne, et a suivi une formation de peintre et de décorateur d'intérieur à l'École des Arts et Métiers de la capitale autrichienne. L'une de ses premières œuvres fut la décoration intérieure du Grand Théâtre de Vienne, suivie du plafond de l'Aula Magna de l'Université de Vienne. Les sujets à représenter étaient la philosophie, la médecine et la jurisprudence. Klimt dans un style très personnel et en utilisant des allégories, des représentations et un symbolisme non conventionnel, au fur et à mesure que son travail avançait, il a reçu de sévères critiques qui ont qualifié son travail de pornographique, ouvertement sexuel et provocateur. L'université a donc décidé de mettre fin au projet, laissant les travaux réalisés, sauvés et le reste inachevé. A partir de ce moment, le peintre a cessé de recevoir des commandes.

Qualifié de pervers et de mauvaise réputation, il décide de ne pas abandonner son style éclaté et énergique et s'installe en Italie en 1903. A Florence, Venise et Ravenne, il découvre les mosaïques byzantines qui, depuis, inspirent son art en mélangeant la feuille d'or dans ses peintures à l'huile. À son retour d'Italie et toujours en déclin absolu, il commence à recevoir des commandes de portraits, dont une pour Adele Bloch-Bauer en 1907. Pour son plus grand plaisir, il commence cette même année "Le Baiser" qui, toujours inachevé, est acheté par le musée du Belvédère pour la somme astronomique d'environ 200 000 euros, un chiffre record, puisque le prix maximum payé jusqu'alors était d'environ 4000 euros. Sa précédente œuvre, le portrait d'Adele Bloch-Bauer, a été vendue aux enchères aux États-Unis en 2006 et s'est vendue pour 100 millions d'euros. L'Autriche considère désormais cette œuvre comme un trésor national.

Avant l'œuvre, sans méditer, on trouve une femme et un homme enlacés, amoureux, dans un moment d'intimité, cependant les motifs ornementaux et la décoration végétale, dans un dessin saisissant de formes simples contrastées par des spirales, évoque iconographiquement la légende d'Apollon et de Daphné qui a été racontée par Ovide dans "Les Métamorphoses" et appartient à la mythologie grecque. C'est une métaphore et une interprétation du mythe.

Le mythe d'Apollon et de Daphné a été interprété comme une confrontation entre la vertu, Daphné, et les désirs sexuels, Apollon. Alors qu'Apollon poursuivait Daphné avec convoitise, elle fut sauvée par la métamorphose et l'enfermement dans un laurier, ce qui peut être considéré comme un acte de chasteté éternelle. Daphné a été forcée de sacrifier son corps et de devenir un laurier comme seule échappatoire aux pressions et aux désirs sexuels constants d'Apollon.

Entre 1622 et 1625, Gian Lorenzo Bernini avait sculpté, dans le marbre, la célèbre œuvre inspirée par cette légende. On peut y voir Apollo rattraper Daphné alors qu'elle tente de s'échapper. Apollon est couronné d'une couronne de laurier qui laisse présager la métamorphose de Daphné en laurier. Daphné est représentée pendant le processus de transformation. En fait, ses bras prennent la forme de branches lorsqu'elle s'enfuit et supplie son père de la sauver d'Apollon.

D'autres artistes comme Antonio Pollaiuolo ont manipulé la mythologie grecque et l'ont adaptée à leur époque. Dans sa peinture, les personnages sont habillés en costumes de la Renaissance et Daphné est représentée dans un processus de métamorphose. L'œuvre est exposée à la National Gallery de Londres.

Apollon, dieu des arts et de la musique, a été maudit par le jeune Eros après qu'il se soit moqué de lui parce qu'il jouait avec un arc et des flèches et l'ait traité d'efféminé. Irascible, Eros, prit deux flèches, l'une d'or et l'autre de plomb, celle d'or incitant à

111

l'amour ; celle de plomb incitant à la haine, et il lança la première contre Apollon, la seconde contre la nymphe Daphné.

Apollon était passionné par Daphné et elle, qui avait déjà rejeté plusieurs amants, le détestait, préférant se consacrer à la chasse et aux jeux dans les bois, malgré l'insistance de son père pour l'épouser et avoir des enfants. Malgré les refus, Apollo la harcelait constamment, la traquant et la suppliant d'être avec lui. Les dieux ont aidé Apollon à la rejoindre. Se sentant prise au piège, elle a appelé son père et sa peau s'est transformée en écorce d'arbre, avec des feuilles qui poussent dans ses cheveux et des branches dans ses bras. Ses pieds s'arrêtèrent de courir, s'enracinèrent dans le sol, puis Apollon l'embrassa et lui promit qu'avec ses feuilles de laurier, les têtes des héros seraient couronnées.

Comme s'il s'agissait d'une estampe japonaise mêlant des éléments d'Art Noveau et d'Arts and Crafts, ingénieusement combinés à des réminiscences préhistoriques, classiques et médiévales, Klimt représente le couple au bord d'une prairie fleurie.

L'homme, en supériorité absolue, enroule ses bras autour de la femme, portant une tunique avec des rectangles noirs et blancs, disposés irrégulièrement sur une feuille d'or ornée de spirales rappelant les décorations de l'âge du bronze. Sur sa tête se trouve une couronne de vignes qui, à l'époque classique, serait un symbole de triomphe. La femme, blottie dans ses bras, porte un imprimé floral tissé serré avec des motifs circulaires et ovales dont les couleurs s'étendent sur des lignes parallèles. Ses cheveux, évidés, sont parsemés de petites fleurs et encadrent son visage de façon artificielle. Son teint pourrait être celui de sa partenaire sentimentale Emilie Flöge.

L'image gentille que nous visualisons au début est déformée en effritant l'image et en voyant comment le baiser a lieu quand, soumise et sans fuite, Daphné se métamorphose en arbre, hiératique et insensible et permet à Apollon de la posséder, sortant du manteau doré qui enveloppe les racines qui l'ancrent à la terre.

Les discussions, l'exclusivité, la jalousie, le fait de tomber amoureux, le couple, le fait de vivre ensemble, l'unité, l'attraction des contraires et même la croyance que l'amour peut tout faire ont historiquement alimenté le mythe de l'amour romantique, un mythe qui, malgré le titre, disparaît dans cette œuvre dont le protagoniste est un baiser forcé et où la réalité d'une légende fictive, absurde, irrationnelle et impossible se révèle sauf quand une femme se soumet et accepte l'inégalité.

Sous ce faux mythe, on a justifié le pardon, le mépris, l'humiliation et l'acceptation du sacrifice de soi, ce qui a éternisé les relations de couple tout en éliminant la liberté des femmes qui, dans le lien affectif, ont été condamnées à "endurer".

Aussi éblouissantes que les œuvres de Klimt, elles ont prétendu être des petites amies, des épouses et des femmes qui, pour obtenir l'approbation de la société, ont renoncé à leur individualité.

Il est temps d'abandonner des idées comme "Je ne suis rien sans toi", "Celui qui t'aime bien te fera pleurer", "La jalousie montre l'amour" ou "L'amour peut tout faire", qui ne fait qu'enrichir les relations toxiques, car le véritable amour ne fait pas mal.

Micromachismes, art et peinture de genre

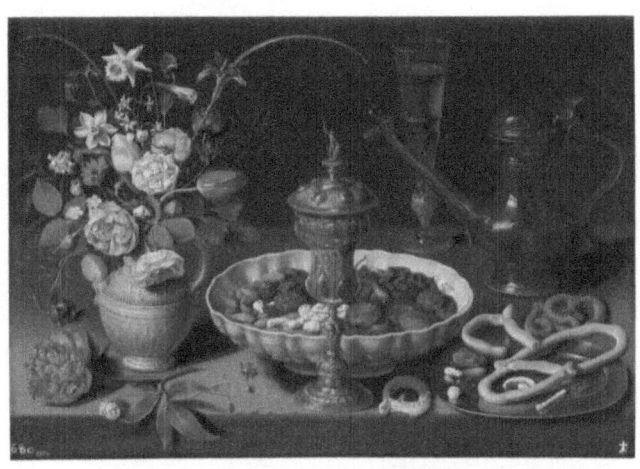

Clara Peeters "Bodegón". Huile sur panneau. 52 x 73 cm. 1611. Musée du Prado, Madrid.

L e débat sur le genre et l'égalité est un débat insatiable dans lequel, en y regardant de plus près, on trouve des milliers de micro-machismes que nous avons intériorisés et acceptés, dont le terme "peinture de genre".

Pour Pilar Blanco Prieto, médecin et professeur, le genre est un terme spécifique des sciences sociales qui fait allusion à "l'ensemble des caractéristiques différenciées que chaque société attribue aux hommes et aux femmes". Selon l'OMS, il s'agit de "rôles, activités et attributs socialement construits qu'une société considère comme appropriés pour les hommes et les femmes". Il est donc curieux qu'au XXIe siècle, les œuvres artistiques, en particulier les œuvres picturales de moindre valeur, continuent d'être considérées comme des peintures de genre, paradoxalement parce que leurs créateurs initiaux étaient des femmes. Un autre sexisme dans le langage et une classification misogyne

Jusqu'au XVIIIe siècle, les artistes étaient considérés comme des artisans, même s'il est vrai qu'à la Renaissance, avec l'humanisme et le changement de mentalité, les noms des grands artistes ont commencé à se distinguer. Le concept de l'artiste en tant que génie individuel, créateur et participant au marché de l'art, n'a pas émergé avant la période romantique. Ainsi, et jusqu'à ce moment, les artistes étaient obligés de faire partie d'associations de guilde où leurs noms restaient anonymes sous le nom du "Maître". Il s'agissait d'ateliers familiaux dans lesquels, en plus des apprentis et des assistants, les filles et les épouses collaboraient également. Ces associations travaillaient selon des ordres qui dictaient le thème, le format, les figures, la technique ou les pigments, ces tâches étant réparties entre ceux qui faisaient partie de l'association de la guilde.

À la fin du XVIIe siècle et au début du XVIIIe siècle, les premières académies d'art officielles sont apparues, mettant fin aux ateliers d'art et projetant la profession comme une activité intellectuelle. Dans les Académies, en plus de la technique, ils apprenaient l'anatomie et le dessin anatomique, donc et considérant que le nu n'était pas un domaine approprié pour les femmes et que le modèle masculin pouvait se sentir "bousculé" devant le regard des femmes, les femmes en étaient exclues et ne pouvaient pas y être formées.

Au milieu du XIXe siècle, des académies privées ont été créées où les femmes pouvaient apprendre à peindre des parties du corps humain, des visages, des pieds, des mains, et dont le coût était plus élevé pour elles que pour elles-mêmes afin que seules les femmes de familles riches puissent y assister. À la fin du XIXe siècle, elles ont réussi à faire admettre qu'elles avaient perdu l'occasion de faire figurer des noms de femmes parmi les grands de la Renaissance, du Baroque, du Réalisme, du Romantisme, de l'Impressionnisme et de l'Avant-Garde, entre autres.

Depuis le Moyen Âge et jusqu'à aujourd'hui, les grands ordres, les concours, le patronage, les prix et les bourses sont accordés par des institutions religieuses ou civiles, notamment monarchiques et aristocratiques, et les sujets demandés sont liés à l'histoire chrétienne, ancienne, mythologique ou aux événements de l'époque vécue. Œuvres qui, de manière narrative ou allégorique, représentent des événements et contiennent un message moral ou intellectuel.

La peinture d'histoire a traditionnellement été considérée comme le grand genre, le genre le plus important tant pour son grand format que pour son contenu. Dieux, héros, soldats, pleureurs, vainqueurs, vaincus, grotesques, beaux, nymphes, sorcières, martyrs, mendiants, gens, impossibles à représenter dans des attitudes hiératiques ou en mouvement sans connaître leur anatomie, habillés ou nus, mais en action, en mouvement. C'est pourquoi ce domaine artistique était réservé aux artistes masculins et ce sont leurs noms qui apparaissent comme ceux des grands maîtres.

Encadrés dans des architectures ou des paysages colossaux, dans les œuvres, les personnages principaux sont disposés au milieu d'autres secondaires qui se confondent dans la foule. Les accessoires et les costumes sont d'une importance secondaire ; ce qui compte, c'est le personnage en particulier et l'événement en général, dont l'inspiration peut être un thème littéraire, religieux, mythologique, symbolique ou allégorique à l'épicentre duquel se trouve la représentation humaine.

Exclues de la sphère publique et de la possibilité de se former, les femmes peintres ont dû, tout au long de l'histoire, se contenter de peindre des œuvres dans lesquelles la figure humaine était absente ou, si elle l'était, des vêtements et des parures qui masquaient leur manque de connaissance de l'anatomie. Les femmes artistes ont dû représenter ce qui faisait partie de l'espace autorisé, l'espace domestique et proche et ont peint des paysages, des fleurs, des natures mortes, des espaces vides, des scènes de la vie quotidienne et, dans le meilleur des cas, des portraits. Tous ces types d'œuvres font partie de ce que nous connaissons sous le nom de petit genre ou "peinture de genre" et dans lequel l'intellectualité était absente et la vie quotidienne était présente.

Malgré son génie, sa technique et sa minutie, l'art fait par les femmes est classé comme petit, de second ordre. Les miniatures de Levina Teetlinc ou Marie Anne Gérard Fragonard ; les paysages de Gertrude Eleanor Spurr, Lucy Bacon ou Camile Flers ; les scènes de la vie quotidienne d'Eva Fredrika Bonnier, Laura Alma-Tadema ou Berthe Morisot ; les portraits d'Anna Bilinska, Eva Gonzalès, Procesa Sarmiento, Ann Hall ou Maria Cosway ; les natures mortes de Clara

Peeters, Claude Raguet, Adela Ginés ou Anne Vallayer-Coster ; les fleurs de Mary Hiester, Ellen Robbins, Clara Wheatley, Maria Caffi ou Mary Ann Duffield ; les insectes de Maria Sibylla ou les fruits de Deborah Griscom (parmi tant d'autres), ne sont pas considérés comme des chefs-d'œuvre ou même de grandes œuvres car ils ont été réalisés par des femmes.

Caravage, Rubens, Rembrandt, El Bosco, Michel-Ange, Vélasquez, Goya, entre autres, ont peint des natures mortes, des paysages, des portraits et toutes sortes d'œuvres qui, bien qu'appartenant au "petit genre", étaient de grandes œuvres, car eux seuls avaient accès à la peinture d'histoire, à l'histoire qu'ils peignaient.

Ce qui est fréquent, habituel et réel, continue d'être l'œuvre des femmes et, dans les milieux universitaires, leur sexe est un échelon en dessous de la hiérarchie.

À cet égard, il convient de souligner le travail de Clara Peeters, qui est l'une des plus grandes et dont les peintures, après plus de 400 ans, semblent commencer à recevoir une certaine reconnaissance.

Sans données exactes, puisque sa biographie est pour l'instant peu étudiée, il semble que Clara Peeters soit née à Anvers, aux Pays-Bas, entre 1588 et 1590. Tout indique qu'elle appartenait à une saga de peintres (elle a peut-être été liée à Jan Peeters) ou que l'artiste était la fille d'une famille appartenant au patriarcat urbain si présent dans un contexte comme le sien.

Au total, quarante œuvres sont attribuées à l'artiste, encadrées entre 1607 et 1621, et il n'existe aucune œuvre connue qui montre sa continuité. Au vu de son travail artistique fructueux, mais si succinct dans le temps, certains spécialistes soulignent que son mariage avec Hendrick Jooseen en 1639 aurait pu mettre un terme à sa carrière de peintre au profit de son mariage.

Ses œuvres sont un témoignage incalculable de la culture matérielle de leur contexte, elles révèlent les goûts de la classe supérieure flamande, étroitement liés au commerce, comme en témoignent les aliments exotiques que l'on retrouve dans ses œuvres, des objets tels que la porcelaine orientale ou le verre soufflé vénitien. Ses peintures ont tendance à être presque précieusement détaillées.

Parmi les jeux de lumière et de reflets, on peut observer le trait le plus caractéristique de l'artiste qui lui a valu d'être connue comme "la peinture de l'égoïste" depuis qu'elle s'est représentée dans ses natures mortes. Ce fait est extrêmement inhabituel, mais visible chez d'autres artistes comme un exercice de pouvoir et une démonstration de capacité devant ses contemporains.

Malheureusement, en raison de son statut de femme, Clara Peeters était limitée à la peinture de natures mortes. Contemporaine de Rubens, de Brueghel l'Ancien ou de Snyders, elle ne pouvait accepter de recevoir une éducation formelle et donc d'être considérée comme un maître de la peinture.

Le musée du Prado possède quatre de ses meilleures natures mortes, provenant de la collection royale et dont trois ont été signées en 1611. Elles constituent le plus grand groupe d'œuvres que l'on puisse voir dans un seul musée, car la production connue de cet artiste est très rare et a été dispersée dans de multiples collections, dont plusieurs sont privées.

En 2016, Clara Peeters est devenue la première femme peintre à faire l'objet d'une exposition au Prado, organisée en collaboration avec le Musée royal des Beaux-Arts d'Anvers. Parallèlement à son exposition, l'accent a été mis sur la situation des femmes artistes au début de l'Europe moderne. Cette exposition, et en 2019, a été suivie par une autre organisée autour des œuvres de Sofonisba Anguissola et Lavinia Fontana, un autre exemple de règlement de sa dette historique envers les femmes artistes.

Avec le travail de Clara Peeters comme exemple, on peut se demander si la peinture de genre est encore considérée comme secondaire ou petite, et on ose proposer son nom comme l'une des grandes références de l'histoire de l'art.

La compagne dévouée au sacrifice extrême, Jeanne Hèbuterne, la femme de Modigliani

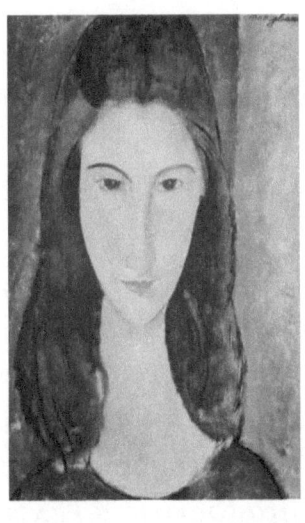

Amedeo Modigliani "Portrait de Jeanne Hèbuterne". Huile sur toile. 55 × 38 cm. 1919. Collection privée.

*T*out aussi important que de rendre visible la contribution des femmes à la culture est, à mon avis, de faire connaître les noms de celles qui n'ont pas pu le faire parce que le machisme a objectivé

127

leur figure d'artiste et leur a seulement permis de devenir des muses. Dans les deux cas, il s'agit d'art, la différence étant la conversion en un stéréotype de beauté, la négation de leurs capacités intellectuelles et leur soumission aux besoins du patriarcat.

Des femmes pleines de feu, d'intelligence et de passion qui, tout en réalisant leurs rêves, ont dû les abandonner pour devenir les protagonistes du seul espace dans lequel les femmes sont autorisées à vivre, l'espace domestique, l'espace des soins, l'espace de l'épouse et de la muse, l'espace d'une femme créée au gré d'un autre, l'espace d'une reine ou d'un ange dans un foyer claustrophobe, inerte et servile, l'espace d'une femme qui se sacrifie et s'auto-sacrifie à l'extrême.

Des femmes créatives, avec des qualités particulières pour sentir, pour penser. Habileté de la toile et des pinceaux, du stylo et du papier, du ciseau et du marbre, mais annulée par le "génie" de leurs compagnons, par la déviation culturelle qui consiste à les transformer en ombres de leur vie, en femmes objets.

Des femmes hypersensibles dont les contributions auraient dû enrichir notre culture, nos arts et notre poésie mais dont les chiffres ont été annulés simplement parce qu'elles étaient des femmes.

C'est le cas de Jeanne Hèbuterne, une femme peintre prolifique, dont les productions ont été éclipsées par des luttes amoureuses et des combats diaboliques pour laisser place au protagonisme de son époux, Amedeo Modigliani. Une artiste qui est passée du statut de rebelle exceptionnelle à celui de muse abusée par son partenaire, abandonnant son génie pour rendre hommage à son dieu.

Sa vie a connu une évolution angoissante qui l'a conduite à l'abnégation et à la soumission, à la destruction par la tortuosité de la relation, à l'isolationnisme, à la dépendance, et à la mythification d'un amour romantique inexistant dont la fin était la dépression, l'aliénation et le suicide. Une vie triste dont nous devons tirer les leçons, une existence dramatique en proie à l'amertume du manque d'amour.

Ses excès, son existence fatale et sa vie orageuse ont fait de la vie de Jeanne une souffrance continue, car elle a vécu dans la mort jusqu'à ce qu'elle succombe au désespoir et ne trouve que le refuge dans la mort qui l'a libérée.

Jusqu'à ce qu'il la rencontre, et malgré les scandales bien connus, Modigliani n'était pas tombé amoureux, il n'avait pas ressenti l'intensité du véritable amour et il l'a découvert en faisant de cette femme d'abord sa muse, son modèle, son amante et peu après une soignante et une souffrante désespérée.

Jeanne Hébuterne est née le 6 avril 1898 à Meaux, en Seine-et-Marne, en France. Fille d'une famille simple, austère, catholique et travailleuse (son père travaillait comme comptable dans une mercerie du centre commercial de la ville), grâce à ses talents artistiques elle entre à l'Académie Calarossi, où elle rencontre Amedeo Modigliani, de 14 ans son aîné, connu pour être dépravé, charismatique, alcoolique, extravagant et dont elle tombe amoureuse. Elle avait 19 ans, lui 33.

Jeanne était, selon son biographe Patrice Chaplin, une jeune femme gentille, timide et calme. Sa peinture fraîche, colorée et aux traits puissants était très appréciée par le cercle des artistes de l'époque. Elle aime aussi la musique, joue du violon et crée des vêtements aux influences orientales. Il portait des turbans exotiques, des manteaux bruns et des bottes hautes. Une petite femme qui ne donne pas l'impression d'en être une.

Malgré l'opposition de sa famille Jeanne, succombée par l'excentricité de Modigliani, elle décide en 1918 (avec 20 ans elle et 34 ans lui) d'aller vivre avec l'artiste à Nice, raison pour laquelle sa famille décide de réduire son allocation économique. Elle est devenue sa muse, dont les splendides portraits sont aujourd'hui parmi les plus recherchés sur le marché de l'art. Une œuvre très personnelle, loin des tendances artistiques de l'époque et axée sur des portraits, le plus souvent nus, de composition simple et délicate tant dans la forme que dans la couleur et qui, à l'aide d'un canon allongé, représente des visages ovales et des cous stylisés.

Ses figures plates étaient les protagonistes, les arrière-plans neutres les mettaient en valeur. Son obsession pour Jeanne l'a conduit à idéaliser son image, à rendre sa véritable présence absente dans ses portraits, à la dépeindre en ignorant l'amère réalité qu'elle vivait sous l'emprise de la pauvreté, des vices, des addictions et du mauvais caractère de l'artiste. Pendant ce temps, elle, qui continue à peindre, se peint triste, sombre, délabrée, malade, déprimée. La même femme et les deux faces d'une même pièce, la réalité et le fantasme.

Comme personne ne valorise son travail et donc aucun revenu économique, Modigliani se réfugie de plus en plus dans l'alcool, auquel s'ajoute sa vie de bohème et son manque d'hygiène et de soins. Ainsi, en novembre 1918, en raison de sa tuberculose avancée, il a dû être admis dans une clinique. Au même moment, Jeanne a donné naissance à sa première fille, qu'elle a dû abandonner à une institution par manque de moyens.

L'état de santé de Modigliani s'aggrave de jour en jour jusqu'à sa mort en janvier 1920 d'une méningite tuberculeuse. Il avait 35 ans, elle était enceinte de 21 et 9 mois.

Immédiatement après les funérailles, elle s'est rendue à l'appartement de son père et de sa mère et de son ancienne chambre au cinquième étage, elle a sauté, faisant éclater son corps et celui qu'elle portait dans son ventre sur l'asphalte.

Modigliani a été enterré comme un prince, après un cortège funèbre composé de toute la communauté des artistes qui ont accompagné le cercueil à travers les rues de Paris jusqu'au cimetière du Père-Lachaise. Jeanne Hèbuterne, dans la honte et le secret les plus absolus, a été enterrée par sa famille au cimetière de Bagneux.

À la mort de Jeanne, sa première fille est donnée à la sœur de Modigliani, qui l'élève à Florence.

En 1930, dix ans après leur mort, Emannuele Modigliani, le frère aîné du peintre, convainc la famille Hèbuterne de transférer la dépouille de Jeanne avec celle de Modigliani. Depuis lors, ils se reposent ensemble sous l'épitaphe "Compagnon dévoué au sacrifice extrême".

Les œuvres de Jeanne sont restées dans l'oubli jusqu'à ce qu'un expert en art, soutenu par leur fille, décide de les rendre accessibles au public. En 2000, ses peintures ont été présentées à Venise à la Fondation Giorgio Cini.

Jeanne Hèbuterne, comme tant de femmes, a sacrifié et sacrifie sa vie personnelle, professionnelle et de travail, soumise au protagonisme et au génie masculin qui, en plus de les rendre invisibles, les tue physiquement, psychologiquement ou émotionnellement.

Le suicide de la victime de violences sexistes, l'invisible: Elizabeth Sidall

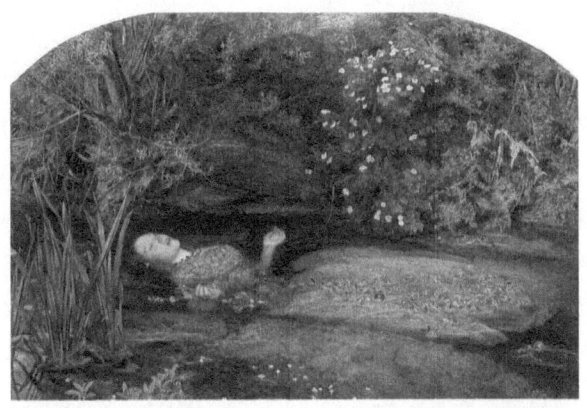

John Everett Millais "La mort d'Ophélie". Huile sur toile. 76 × 112 cm. 1851-1852. Tate Britain Museum, Londres, Royaume-Uni.

*L*orsque John Everet Millais a demandé à Elizabeth Siddall d'être son modèle pour le tableau qu'il a appelé "Ophelia" en 1851, qui se trouve maintenant à la Tate Britain à Londres, il semble qu'il ait prédit son avenir. Ophélie, un personnage fictif de la pièce que William Shakespeare a écrite vers 1600 avec le titre "Hamlet", était une jeune noble danoise, fille de Polonius, soeur de Laertes et amoureuse du personnage principal de la pièce.

Son nom, qui vient du grec et signifie "celui qui aide", représente dans l'œuvre littéraire le paradigme de la femme instable, instable, réticente, dépendante et émotionnellement fragile dans les mains d'un homme. Ofelia est la constante manipulée qui ne résiste jamais aux volontés des personnages masculins qui marquent sa vie. Elle a besoin d'un guide et son bonheur est de faire plaisir aux autres en s'oubliant elle-même, ce qui la conduira à une fin tragique qui est le suicide. Ceci est raconté dans le quatrième acte de la pièce, alors qu'elle est déjà plongée dans sa folie : elle grimpe à un saule, chante et tente de le décorer, tombe et tombe dans la rivière.

Dans une huile sur toile de 76,2 x 111,8 cm, Millais capture le moment où elle, morte, flotte sur l'eau entourée d'un bon nombre de fleurs, chacune ayant une signification symbolique : souvenirs, douleur d'amour, innocence et désespoir.

Millais, suivant les principes centraux du préraphaélisme et de la fidélité à la nature,

136

travaillait jusqu'à 11 heures par jour sur ce travail, les mêmes heures que le modèle passait immergé dans une baignoire, habillé, en hiver et dont on essayait de réchauffer les eaux par des bougies placées sous la baignoire. Souvent, les bougies étaient éteintes et l'eau était gelée. Elle a continué à poser jusqu'à ce qu'elle tombe gravement malade d'une pneumonie. C'est pourquoi le père d'Elizabeth a dénoncé Millais, l'obligeant à payer les frais médicaux.

Elizabeth Eleanor Siddall est née à Londres le 25 juillet 1828 et est morte dans la même ville le 11 février 1862, se suicidant à l'âge de 33 ans.

Sa mère, Eleanor Evans, mariée à Charles Crooke Siddall, l'aida dans une petite entreprise qu'ils possédaient, dans laquelle M. Siddall se vantait d'être un descendant d'une famille noble. La famille l'appelait Lizzie.

Lizzie, est née au milieu de l'ère victorienne (1837-1901), exacerbée par le moralisme et la discipline, avec des préjugés rigides et des interdictions sévères où les hommes dominaient la scène publique et privée tandis que les femmes étaient confinées à la soumission et aux soins des enfants. L'épargne, le travail, les devoirs religieux et le repos dominical étaient des valeurs très importantes. Dans ce puritanisme, la chasteté était une vertu vitale et l'insatisfaction féminine était traitée comme un trouble de l'anxiété, comme une maladie que l'on traitait avec des médicaments et la psychanalyse sans s'occuper, analyser ou résoudre les causes.

Bien que Lizzie ne soit pas allée à l'école, sa mère lui a appris à lire et à écrire, développant dès l'enfance une grande passion pour la poésie. À l'âge de 20 ans et afin de gagner un revenu, elle a commencé à travailler comme coiffeuse dans un magasin à Londres, une tâche compatible avec l'écriture, qui lui a également procuré un revenu.

Loin des standards de beauté de l'époque, elle était étonnamment grande et mince et ses cheveux cuivrés inhabituels attiraient l'attention. Dans la boutique où elle travaillait, elle fut découverte par Walter Howell Deverell, l'un des fondateurs de la Fraternité préraphaélite qui, séduit par sa beauté particulière, n'hésita pas à lui présenter Millais et Rossetti qui en firent leur muse.

Ses humbles origines, Lizzie, les ont chevauchées avec une douceur et une dignité apparente qui, en réalité, cachaient un manque d'estime de soi, une vulnérabilité et une fragilité qu'elle a exprimées dans des vers pleins d'amour, de désaffection, de passion, de tendresse et de tragédie révélant une tristesse intérieure, opaque et éternelle dont elle a abusé au point de détruire Dante Gabriel Rossetti, qu'elle a rencontré en 1853 alors qu'elle avait 25 ans.

Convaincue par Rossetti de devenir son modèle exclusif, Lizzie quitte son travail au magasin de chapeaux et s'installe avec lui, venant d'une famille aisée et érudite. Sa famille l'a rejetée et ne s'est jamais montrée bienveillante à l'égard de cette relation. Sa forte personnalité et sa fragilité l'ont isolée et elle a perdu le contact avec sa famille. Elle était confinée à la maison toute la journée et il l'utilisait comme modèle, lui apprenant à peindre, méprisant son travail de poète. Rossetti a changé de nom et l'a appelée Sidal au lieu de Siddall. Bientôt, les infidélités commencent et, en raison de l'opposition de sa famille, le mariage est reporté à plusieurs reprises. Lizzie, à la suite de ce mépris, est devenue plus mince, anorexique et malade. En secret, elle continue à écrire des poèmes dont les titres sont, entre autres, "Amour mort", "Passage de l'amour", "Perdu", "Amour et haine" et "Épuisé". Malgré son apparence de plus en plus détériorée, Rossetti idéalise ses œuvres en cachant la gravité de la situation.

Dans "Worn Out", il a écrit :

"Tes bras forts m'entourent.

Mes cheveux tombent amoureux de tes épaules ;

De lentes paroles de réconfort me tombent dessus,

Pourtant, mon cœur n'a pas de repos.

Parce qu'il ne reste de moi qu'une chose tremblante,

Ce qui ne peut jamais être rien,

Sauf pour un oiseau à ailes brisées

Fuir en vain.

Je ne peux pas te donner le véritable amour

Qui n'est plus le mien,

L'amour qui m'a frappée et renversée

Sur la neige aveuglante.

Je ne peux vous donner qu'un cœur blessé

Et les yeux usés par la douleur,

Une bouche perdue qui ne peut pas sourire,

Et il se peut que je ne rie plus jamais.

Mais mets tes bras autour de moi, mon amour,

Jusqu'à ce que le rêve m'emporte ;

Alors laissez-moi, ne me dites pas au revoir,

A moins que je ne me réveille, enveloppé de larmes".

Contrairement à lui, et avec de grands dons pour la peinture, Lizzie se dépeignait comme un être opaque, triste et sombre, comme un jouet cassé entre les mains de l'indifférence qui l'entourait et d'une relation orageuse qui la minait. Des années plus tard, le critique d'art John Ruskin a acheté toutes ses œuvres, y compris des peintures à l'huile, des aquarelles et des esquisses inspirées de thèmes médiévaux idéalisés.

Enfin, Siddall et Rossetti se marient un mercredi 23 mai 1960 à l'église de Saint Clément, dans la ville côtière de Hastings.

Aucun membre de la famille ou ami n'était présent, et seules quelques personnes trouvées dans la ville ont fait office de témoins. Sa santé était si mauvaise que, bien que vivant à cinq minutes à pied de l'église, il a fallu l'aider à s'y rendre. La tristesse et l'anxiété liées à cette situation ont aggravé son état, et pour le surmonter, elle a commencé à prendre du laudanum jusqu'à ce qu'elle devienne dépendante. En 1861, elle est tombée enceinte, mais a donné naissance à une petite fille mort-née, ce qui a provoqué sa dépression post-partum. La maternité à cette époque était l'une des raisons de l'existence des femmes. L'impossibilité de l'accomplir l'a conduite à s'y enfoncer plus profondément.

À la fin de l'année, elle était à nouveau enceinte, mais trois mois plus tard, en février 1863, elle a fini par se suicider par une overdose de laudanum. Rossetti a ordonné qu'elle soit brûlée, car le suicide était alors immoral, illégal et aurait provoqué un scandale dans sa famille et empêché son enterrement dans un cimetière.

Avant d'être enterrée, Rossetti a caché dans son cercueil un cahier avec la seule copie de ses poèmes inédits et cachés. Dans les années qui ont suivi, elle est devenue obsédée par l'idée de déterrer sa poésie et de la publier. Finalement, lui et son agent littéraire

Charles Augustus Howell ont obtenu un permis d'exhumation en 1869 afin de récupérer le carnet. Rossetti n'a pas osé être présent et Howell l'a sauvé. Plusieurs poèmes étaient presque illisibles, les feuilles étant rongées par les vers. Malgré cela, il les publie en 1870.

Elizabeth Siddall était poète et peintre à une époque et dans des circonstances où l'on attendait d'une femme le contraire de ce qu'elle était. À ses côtés, elle avait un homme qui ne l'a jamais reconnue comme une compagne, mais comme un bien auquel elle n'a jamais prêté attention ni aimé, mais qui l'a empêchée de se réaliser en tant que femme jusqu'à ce qu'elle se suicide, une autre forme de meurtre par violence masculine invisible dont la racine est la violence psychologique.

Plus d'un siècle s'est écoulé et la mort par suicide continue d'être cachée, tout en n'étant pas liée à la violence masculine. Chaque année en Espagne, et suite à des agressions physiques, entre 60 et 80 femmes sont assassinées en tant que victimes de la violence de genre, cependant les abus et la violence psychologique qui causent des *problèmes physiques et mentaux et qui se terminent dans de nombreux cas par un suicide, sont des chiffres qui sont cachés.*

On estime que la maltraitance est la cause de 25 % des tentatives de suicide des femmes, ce qui ajouterait aux chiffres officiels de 200 à 250 femmes de plus qui perdent la vie à cause de la violence sexiste. Ce sont des victimes invisibles. Si le fait qu'une femme soit tuée par son partenaire ou son ex-partenaire constitue une circonstance extrême, ce n'est pas moins que pendant des années et à la suite d'humiliations, d'insultes, de mépris et de torture psychologique, elle ne trouve pas d'autre solution que de s'ôter la vie.

La vie aux côtés d'un agresseur se déroule dans la peur, la fatigue, le stress, les troubles du sommeil, la dépendance émotionnelle et un état d'alerte permanent, ce qui entraîne inévitablement des dysfonctionnements psychologiques importants difficiles à démontrer dans le système de santé et/ou judiciaire. Ils sont le produit d'événements continus, fréquents, progressifs et circulaires. Les femmes victimes continuent d'être soumises à de nombreuses reprises, même si elles ne sont pas conscientes de la situation qu'elles vivent et se blâment, car elles sont victimes d'assujettissement.

La culture du "tu dois le supporter", "tu es plus jolie quand tu es calme" ou "c'est un soulagement" encourage les femmes à rester dans ces relations néfastes, en plus de l'absence d'alternatives et de la peur d'être dénoncées. Les meurtres masculins surviennent lorsque la femme décide de mettre fin à la relation, jusqu'à ce que la violence psychologique persiste.

Psychologiquement annulée, physiquement affaiblie et isolée de son environnement, la femme perd progressivement sa crédibilité et ses troubles sont diagnostiqués comme une dépression, de l'anxiété, un manque d'estime de soi ou de l'hystérie qu'ils entendent guérir avec des antidépresseurs, tout cela sauf à enquêter sur sa réalité et à comprendre les causes de sa situation. Par conséquent, face à l'incompréhension et à la culpabilité, il y a plus de cas de suicide que de meurtre, car en raison du manque de soutien et de ressources, les femmes trouvent plus efficace d'échapper aux abus en s'ôtant la vie qu'en les signalant.

Les anxiolytiques, les analgésiques et les tranquillisants font partie de l'alimentation quotidienne d'une femme victime d'abus, car il n'y a aucun moyen de faire face à la situation. Il n'est donc pas surprenant qu'ils se tournent vers la douceur que procure la dose pour alléger l'épreuve ; l'overdose pour mettre fin à leur vie. Des vies apparemment suicidaires mais dérivées d'un meurtre direct.

Parce qu'elles ont plus de difficultés à quitter la relation, parce qu'elles perçoivent que l'agresseur ne disparaîtra jamais de leur vie ou en raison de la détérioration psychologique et sociale qu'elles connaissent, les femmes sont plus nombreuses à se suicider avec des enfants que celles qui n'en ont pas.

Le nombre de femmes victimes de la violence de genre ne peut être donné uniquement en termes de meurtres physiques, il existe des morts lentes, silencieuses et atroces qui font partie du féminicide, toutes deux sont le résultat de la domination exercée par les hommes sur les femmes et les deux situations doivent trouver un écho et des ressources doivent être mises en place pour prévenir et éviter ces fins dramatiques.

.

Coup de pied sur le sol collant, autoportrait de María Cosway

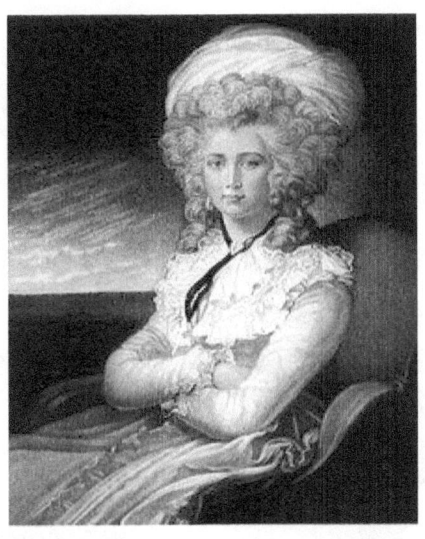

María Cosway «Autoportrait». 1787

Les femmes sont majoritaires à l'université, outre le fait que nous avons plus d'étudiants, nos dossiers sont meilleurs. Selon les données recueillies par la Fondation CYD: "le taux d'adéquation (pourcentage de diplômés dans les quatre cours qui durent un diplôme) était en 2017, de 41,2% pour les femmes contre 23,7% pour les hommes et le taux d'obtention de diplôme (pourcentage de ceux

149

qui obtiennent un diplôme dans cinq cours au maximum) était de 55,3% pour les femmes contre 37,1% pour les hommes".

Malgré les meilleurs résultats scolaires, dans le domaine de l'emploi, les femmes souffrent de taux de chômage plus élevés, de précarité, de contrats temporaires, de travail à temps partiel, de bourses ridicules, tandis que les hommes souffrent de taux de chômage plus faibles, gagnent 10 % de plus, ont des contrats permanents et travaillent à temps plein. Il y a plus de femmes parmi les étudiants que parmi les enseignants, seuls 20 professeurs sur 100 sont des femmes et seuls 11 des 76 bureaux de recteurs sont occupés par des femmes. Les mêmes pourcentages s'appliquent au reste des champs où la présence masculine est écrasante malgré une formation et une préparation plus faibles.

Dans le domaine des études sur le genre, les difficultés que nous rencontrons pour quitter la sphère domestique et entrer dans la sphère publique, et donc sur le lieu de travail, malgré nos études supérieures, sont qualifiées de "terrain collant". La persistance des stéréotypes sexistes continue d'attribuer aux femmes les responsabilités de soins et de nettoyage du foyer, ce qui les empêche de se consacrer à la sphère professionnelle, d'assister aux réunions ou aux événements de l'entreprise nécessaires à l'avancement de leur carrière.

Nous, les femmes, nous entrons sur le marché de la production sans abandonner nos responsabilités familiales et, lorsque nous le faisons, nous sommes cataloguées comme dysfonctionnelles, parce que la culture patriarcale nous a assigné le rôle de reproduction et de soins qui, de plus, n'est ni reconnu ni rémunéré.

Nous, les femmes, nous marchons sur un sol qui nous attire et nous empêche d'avancer, qui nous colle à des tâches qui nous surchargent et qui ne peuvent être surmontées que par la coéducation et l'éducation à l'égalité. L'heure est aux grimaces et à la colère face à cette discrimination sexuelle. Maria Cosway l'a fait, à travers son autoportrait réalisé en 1878. Avec elle, non seulement elle s'est rebellée, mais elle s'est aussi représentée en train de transmettre son état d'esprit contrarié, contrarié et tendu, essayant de supporter, sans y parvenir, la situation dans laquelle elle se trouvait après son mariage parce que son mari l'avait forcée à arrêter de peindre. À ce moment, Maria a senti qu'un ciel sombre planait sur sa vie, que sa liberté était terminée et que c'était sa dernière œuvre mais, grâce à son entêtement, sa persévérance et sa ténacité, elle a réussi à changer le destin qui lui était réservé.

Maria Luisa Caterina Cecilia Hadfield est née à Florence, en Italie, en 1760. Son père, d'origine anglaise, et sa mère, italienne, ont créé une auberge à Livourne et le succès de celle-ci les a conduits à en ouvrir deux autres dans la région de la Toscane et à s'enrichir rapidement. Leurs entreprises étaient fréquentées par des aristocrates et des gens riches, si bien que dès son enfance, Maria fréquentait ces cercles.

Les Hadfields avaient huit enfants, dont quatre ont été brutalement assassinés par la nourrice qui s'occupait d'eux et qui a été capturée et condamnée à la prison à vie. Maria, Richard, George et Charlotte ont survécu à cet événement dramatique. Cette circonstance extrême a marqué la vie de

Maria pour toujours, faisant d'elle une survivante en difficulté.

Dès son enfance, Maria a fait preuve de grands talents musicaux et artistiques. Elle étudie le dessin, la musique et les langues sous la tutelle de Violante Cerrotti et Johann Zoffany, elle se consacre à la copie des grands maîtres de la Galerie des Offices et, en raison de leur effort et de la qualité de leur travail, elle est choisie pour poursuivre sa formation à l'Académie des Beaux-Arts de Florence en 1778.

Lorsque son père est mort alors qu'elle était adolescente, Maria a succombé à la tristesse et a exprimé un fort désir de prendre cette habitude, mais peu après, elle a rejeté l'idée. En 1779, alors qu'elle a 19 ans, et trois ans après la mort de son père, sa mère décide de partir en Angleterre et s'installe à Londres.

Elle y rencontre Angelica Kauffmann, elle aussi artiste, qui jouit d'une certaine reconnaissance dans la société anglaise. En 1781, elle expose trois œuvres: "Rinald", "Creusa apparaissant à Énée" et "Comme la patience dans un moment de sourire à la douleur", œuvres inspirées de thèmes mythologiques qui, à l'époque, n'étaient traités que par des artistes masculins, laissant aux femmes le soin de peindre des natures mortes, des vases, des portraits et toutes sortes d'arts considérés comme mineurs. Pour cette raison, Maria s'est éveillée à la perplexité et à l'admiration, triomphant avec un genre qui était interdit aux femmes. À seulement 21 ans, Maria, une jeune Italienne, avait triomphé parmi l'exquise élite culturelle de Londres.

Peu avant l'exposition, Angelica Kauffmann a présenté Maria au peintre Richard Cosway. Dans l'Angleterre du XVIIIe siècle, il y avait trois possibilités pour les femmes : une prostituée associée au plaisir, un virtuose marié ou une vieille fille dévouée à la charité. Marie a opté pour la seconde, ne sachant pas que le mariage la conduirait à devenir une personne unique représentée par l'homme et à renoncer à sa liberté.

Richard Cosway était membre de l'Académie royale et célèbre pour ses portraits miniatures de l'aristocratie londonienne, y compris de la famille royale.

Cosway était également un collectionneur et un connaisseur des peintures, dessins, sculptures et arts décoratifs de Bartolozzi, et ses fonctions de peintre en chef du prince de Galles comprenaient la supervision de la collection royale. Richard était physiquement peu attirant, âgé de 42 ans, et socialement très apprécié ; Marie, âgée de 21 ans seulement, belle, pétillante et pleine de vie était son contraire, mais les deux familles se mirent d'accord sur un mariage de convenance qui le rajeunirait, lui donnerait un enfant et l'introduirait dans la classe aisée. La même année, ils se sont mariés.

Dès lors, Cosway vit à Schomberg House, dans le Pall Mall, un magnifique manoir qui, en plus d'être une maison, sert de galerie à Richard pour exposer sa collection et organiser des rassemblements et des soirées musicales. Les manières italiennes de Mary irritaient les Britanniques, alors il la maintenait isolée pour les changer, l'obligeait à étudier l'anglais jusqu'à ce qu'elle le maîtrise et lui interdisait de peindre, car il considérait ce "passe-temps" ou cette "profession" indigne d'une femme vertueuse, puisqu'il était artiste.

Il essaya de la modeler en hôtesse et en ornement exquis pour ses fêtes et ses salons où il invitait toute l'aristocratie londonienne de l'époque. Mary est devenue la "Déesse du Pall-Mall", divertissant ses invités avec des concerts et des récitals, une femme objet et consort annulé par son mari, un vase au milieu d'une pièce frivole qui l'a noyé.

Libertine, infidèle et aimant la posture, Richard Coswall passe la plupart de ses journées, voire des semaines, loin de la maison et, enfreignant les interdictions de son mari, elle poursuit ses croquis, peintures et compositions musicales, que son mari refuse d'exposer ou de vendre.

Malgré ses tentatives pour faire partie de l'élite britannique, son caractère efféminé et libertin, sa réputation de "se comporter comme un singe" et son idéologie proche des idéaux de la Révolution française l'ont amené à quitter les îles britanniques et à s'installer à Paris avec Mary en 1786.

Dans la capitale française, Marie a reçu des airs de révolutionnaire. La fraîcheur parisienne remplissait ses poumons. Elle visite Versailles, le Louvre, Marly, la retraite de Louis XIV, le Palais Royal, Saint Germain, la Colonne du Dèsrt de Retz et rencontre Thomas Jefferson qui sera plus tard, entre 1801 et 1809, Président des Etats-Unis et qui était veuf quatre ans plus tôt.

Jefferson s'attache à Mary et, à son départ de Paris en octobre 1786, lui écrit une lettre d'amour, datée du 12 de ce mois, qui fait partie de la vaste collection de sa correspondance, intitulée "Le dialogue entre ma tête et mon cœur" de plus de quatre mille mots. Bien que la relation entre les deux n'ait été ni romantique ni amoureuse, la vérité est qu'il a restauré l'estime de soi de Mary, elle s'est sentie à nouveau comme une vraie femme et a abandonné l'idée d'une épouse servile.

Ainsi, en 1787, elle peint un autoportrait dans lequel elle révèle ses coups de pied sur le sol collant auquel elle a été soumise, sa colère face aux interdictions d'exercer sa profession et sa protestation contre la castration des femmes pour des raisons de sexe.

Maria a réalisé un spectaculaire autoportrait en satin doré, avec un corset et un panier qui dépasse des accoudoirs du fauteuil de velours où elle est assise, de la dentelle fouettée qui termine le cou et les manches, ainsi que des volants et des rubans. Sur ses épaules, elle porte un mouchoir terminé par une dentelle et une coquille Saint-Jacques, et de son cou pend, comme un collier, un étroit ruban de velours noir qui semble contenir un camée ou une médaille. La bouffissure du vêtement est complétée par les cheveux, relevés sur le front en formant un haut postiche et tombant en dessous, vers l'arrière en longues boucles. La lourde perruque, qui s'enfonce dans le canapé, est surmontée d'un grand turban, très à la mode à l'époque. Il ressemble plus à un costume qu'à une élégante tenue de l'époque. Comme si la perruque et le turban étaient tombés du ciel, elle s'exprime avec exaspération. En fait, l'œuvre a une double lecture, l'une comique à cause de la pose d'indignation de l'artiste qui doit porter tant de perles artificielles;

l'autre dramatique à cause de sa colère. Le ridicule et l'extravagance qu'elle ressent, elle nous le transmet.

La splendeur des vêtements contraste avec l'attitude de la protagoniste qui, sous un ciel noir où un orage est sur le point de se lever, apparaît jeune, solennelle, sans aucune coquetterie et frustrée, nous regardant avec sérieux, en colère, les lèvres pincées de dégoût et les bras croisés et dépourvus de pinceaux, de douves ou de ses nombreux dons intellectuels. Elle est indignée par son mari qui ne lui permet pas d'exercer une profession. Une image sans projets, sans rêves ni enthousiasme, une image défaite au service d'un mari macho, despote et envieux. Une image déterminée à dire que ça suffit !

Bien qu'elle soit mariée, Maria Cosway continue à correspondre et à avoir une relation avec Jefferson de façon régulière jusqu'en 1789, et de façon plus sporadique depuis lors, jusqu'à la mort de Jefferson. Maria est tombée enceinte de sa fille Louise Pauline Angélique, mais rien ne l'a empêchée d'essayer de réaliser ses rêves.

Elle visite le Louvre et copie les œuvres des grands maîtres. Elle envoie au célèbre peintre français de l'époque, J.L. David, une gravure de son tableau allégorique "Les Heures", qu'elle catalogue comme ingénieuse et poétique, et l'introduit dans les cercles artistiques de la capitale française, recevant une grande reconnaissance et des commandes.

Bien que la relation entre Richard et Mary soit lointaine, en plus d'être connue les relations extraconjugales de cette dernière, le couple décide en 1791 de retourner en Angleterre, en s'installant à Strattford Place. Bien qu'elle y réside, Marie continue de voyager à travers le continent, cultivant des contacts dans le monde de l'art. Leur fille Louise Pauline meurt à l'âge de 10 ans. Le couple finit par se séparer et le mariage est annulé, et il est placé dans diverses institutions en raison de ses troubles mentaux jusqu'à sa mort en 1821.

Maria a réalisé de nombreux portraits sur commande et a également servi d'intermédiaire entre des personnalités publiques et des artistes (elle a commandé à l'artiste Francesco de Cossia le premier portrait de Napoléon vu en Angleterre et à Trumbull un portrait de Jefferson), elle a également peint et décoré des intérieurs d'églises et d'institutions et a organisé des visites touristiques pour les citoyens britanniques à Paris.

En 1803, à Lyon, Mary fonde une école pour enseigner et former les filles. Il a fonctionné jusqu'en 1809. Le Duc de Lodi, qui le connaissait, l'invita à en fonder un autre dans cette ville qui fut inaugurée en 1817 sous le nom de "Collegio delle Grazie" et dans laquelle elle vécut et enseigna jusqu'à sa mort en 1838. En récompense de son travail en faveur de l'éducation des filles, l'empereur d'Autriche, François Ier, la nomme baronne en 1834. L'école est toujours en activité.

À une époque où la formation des femmes était fortement limitée, Maria Cosway a créé une institution où, outre les bonnes mœurs et la vie sociale, les jeunes filles apprenaient la langue italienne, la calligraphie, le calcul, l'histoire et la géographie dans le but de les développer individuellement dans la société.

Plus de 200 ans se sont écoulés depuis la revendication picturale de Maria Cosway et nous, les femmes, continuons à être celles qui soutiennent la vie domestique et les soins à la famille, celles qui travaillent en dehors de la maison, jusqu'à presque 6 heures par jour de plus que les hommes ; celles qui ne le font pas, 24 heures sur 24. Nous sommes aussi ceux qui abandonnent leur emploi ou leur promotion professionnelle, victimes de la terre collante. C'est nous qui faisons la cuisine, la lessive, la planification, les courses ou qui accompagnons les proches au centre de santé. Notre temps circulaire est devenu une spirale impossible, et en ces temps nous savons que la grande majorité des hommes ne sont pas prêts à vivre dans la coresponsabilité, ni à abandonner leur travail, à payer ou à continuer à grimper pour briser le plafond de verre.

En l'absence de politiques qui nous soutiennent, les femmes ont dû chercher des solutions, nous avons réagi et la seule option possible et efficace s'est avérée être de renoncer à la maternité ou de la reporter. En 2018, le nombre d'enfants était de 1,31 et la moyenne pour avoir le premier était de

32,1. Ce sont les chiffres les plus extrêmes de l'histoire et bien en dessous des chiffres européens. Cela signifie une perte importante de population et un vieillissement de la population.

Il est regrettable qu'à ce stade, les femmes doivent encore lutter pour obtenir un droit intrinsèque, l'égalité.

Intérieurs, chambres et espaces intimes

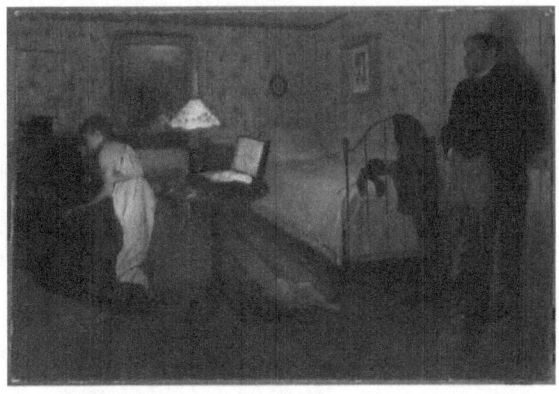

Edgar Degas "Intérieur". Huile sur toile. 81 x 114 cm. 1868-1869. Musée d'art de Philadelphie.

Edgar Degas est considéré comme un peintre impressionniste, mais ses scènes d'intérieur chargées de critique sociale l'éloignent de ce mouvement artistique et le rapprochent du réalisme classiciste d'autres maîtres français tels qu'Ingres et Delacroix. Son travail "Interior" en est un exemple.

Bien qu'il se trouve aujourd'hui au Philadelphia Museum of Art, depuis qu'il l'a peint en 1868, il l'a conservé dans son atelier pendant plus de 40 ans, comme s'il s'agissait d'un talisman que le même auteur a catalogué comme "sa peinture de genre". L'œuvre, en 1912, avant la mort de son auteur, a été rebaptisée "Le viol".

"Intérieur" ou "Viol", la scène est troublante et nous invite à réfléchir sur la violence domestique que trop de femmes vivent au quotidien et en silence. L'histoire de ces doubles personnalités qui, entre collègues, voisins et amis, sont cordiales et amicales, mais aussi des monstres chez elles, l'histoire de Maria :

"Elle était toujours gentille avec les voisins. Elle disait toujours bonjour dans les escaliers ou dans l'ascenseur. Toujours un sourire amical. Toujours. Sauf à l'intérieur.

Elle avait toujours sa chemise prête le matin, et son pantalon, dont la rayure était bien marquée au fer à repasser. Elle lui préparait son café avec deux cuillerées de sucre, comme il le souhaitait, et quatre biscuits qui, ramollis, finissaient au fond de la tasse. J'ai essayé de le servir avec joie, mais je n'ai pas pu, il était essoufflé. Il a pris son petit déjeuner en costume. Elle l'assistait en plumeau, lui arrachant toujours les cheveux derrière les oreilles, essuyant toujours la sueur de ses mains sur son tablier, faisant toujours le moindre bruit pour que les enfants ne se réveillent pas et qu'il soit en paix.

Lorsqu'à 7h30 il a franchi la porte pour aller travailler, elle a pris une grande bouffée d'air frais qui est entrée. Elle se maquillait. Il lui fallait plusieurs couches pour couvrir certaines des ecchymoses qu'il avait laissées. Elle a dissimulé sa laideur et, couverte, s'est regardée avec dignité. Puis elle se peignait les cheveux en essayant de creuser ses cheveux teints pour couvrir le gris et la ligne. Elle s'est habillée, discrètement, bien sûr. C'était une cérémonie quotidienne qui se terminait par un regard dans le miroir pour la lueur dans ses yeux, qu'elle n'a jamais trouvée.

Puis elle allait chercher les enfants et, pendant qu'ils s'habillaient, elle faisait chauffer leur lait. Ils aimaient la chaleur. Bien que l'un ait 13 ans et l'autre 15 ans, il leur préparait à l'institut quelques collations et un jus de fruit à boire. Je les ai accompagnés en voiture, la coutume des années était devenue incontournable. Il se garait à plusieurs mètres de la porte, d'où il pouvait voir ses enfants s'éloigner.

Puis elle se rendait chez sa belle-mère où elle reprenait un autre café. Elle gérait l'argent, donc chaque matin elle venait lui expliquer les choses qu'elle devait acheter et sa belle-mère lui donnait. Elle a profité de l'occasion pour faire ses courses pour elle. Elle considérait sa deuxième fille et répétait constamment qu'elle avait beaucoup de chance car elle ne manquait de rien. Ce sont des personnages difficiles, ma fille, je lui ai dit, ils subissent beaucoup de pression au travail, ils s'occupent des factures, des dépenses, c'est normal qu'ils rentrent à la maison et qu'ils explosent. N'oubliez pas que vous êtes l'ange de leur maison.

Et elle y a cru...... et elle a enduré et même été heureuse d'avoir dans sa vie un homme qui s'est occupé d'elle, qui l'a protégée et qui l'a entretenue. Elle a également dû apprendre à s'occuper de ses enfants et de ses belles-filles à l'avenir.

Sans trop de précipitation, mais sans se lier à personne, elle a fait ses courses en comparant les prix. La meilleure qualité au meilleur prix, demander un rendez-vous dans la file d'attente, sourire aux autres, dire que tout le monde allait bien, et rentrer chez sa belle-mère, avec l'achat, avec les billets, réglé. A son arrivée, elle trouvait des cierges préparés, avec des plats cuisinés par elle, les préférés de son fils. Avec gratitude, elle les a emmenés avec elle.

Les matins passaient donc, l'un après l'autre. C'est ainsi qu'elle a passé sa vie.

Chargée, elle rentrait à la maison, dépoussiérant pendant que la machine à laver tournait. À l'approche de trois heures, elle était extrêmement ponctuelle dans son heure d'arrivée et avait toujours l'impression de manquer de temps pour que tout soit parfait. Il se noierait. Les enfants, qui mangeaient à l'école, arrivaient plus tard.

Elle a soigneusement mis la table. Elle a tout réglé avec une règle et une boussole. Assiettes centrées, couverts soignés, nappe brillante et serviettes immaculées. Il arrivait, le recevait avec son front, attendant un baiser qu'il ne recevait pas souvent.

Ils se sont assis pour manger. Le silence l'accompagnait ; il était accompagné de plaintes concernant ses collègues, son patron qui ne l'appréciait pas, les factures qu'il devait payer. J'ai ressenti son mépris lorsqu'il l'a regardée et l'a trompée, parce qu'il savait que le simple fait de le regarder était un défi, que le simple fait de le regarder était une raison d'exploser. Du vin de table et un verre de cognac, elle s'assurait qu'ils ne manquaient jamais dans le garde-manger, car une dose des deux boissons lui garantissait deux heures de tranquillité. Pendant qu'il dormait, elle a repassé en silence.

Au réveil, elle s'est lavé le visage, s'est coiffée et est partie boire un verre avec ses amis. Elle restait à la maison, préparant quelque chose à manger, chauffant la maison en hiver et ouvrant les fenêtres en été pour se rafraîchir. Elle attendait. Inquiète de ce qui allait arriver, elle attendait.

À ces heures-là, elle en profitait pour téléphoner à un ami. Ángeles, qui était une amie depuis son enfance, lui a dit qu'elle n'en pouvait plus, qu'elle avait dénoncé son mari, qu'elle avait passé un moment terrible au tribunal mais qu'elle était maintenant libre, que chaque mois elle recevait un peu plus de 400 euros et que, comme elle ne pouvait pas payer le loyer, elle vivait temporairement dans un appartement avec d'autres femmes dans des circonstances similaires, que les services sociaux lui donnaient des bons pour aller dans les locaux d'un supermarché social une fois par semaine.

Encarna, une de ses anciennes collègues, a eu plus de chance et a été autorisée à rester à la maison, mais parce qu'elle avait une ordonnance restrictive, elle a dû emmener ses filles à un point de rencontre familial chaque semaine. Les filles ont pleuré à l'entrée, elles ne voulaient pas entrer, elles avaient peur, mais elle devait se taire. Bien qu'elle soit employée de bureau, Encarna a nettoyé les escaliers pour faire sortir les filles.

En écoutant les expériences de ses amis, Maria a estimé que le remède était pire que la maladie. Quitter sa maison, perdre ses enfants, témoigner au tribunal, mendier dans les supermarchés ou nettoyer les escaliers n'était pas un meilleur scénario que celui dans lequel elle vivait. Elle savait qu'elle n'avait pas le choix, pas d'issue.

A 10 heures, Bishop, il viendrait. Tout était préparé et prêt, comme à midi, tout brillait en attendant le seigneur et le maître. Sans un mot, il a bu, et Marie a ramassé les miettes éparpillées sur le sol et la nappe. Pendant qu'il regardait la télévision, elle lavait, séchait et rangeait la vaisselle. Elle l'attendait dans la pièce. Allongée sur le dos et serrée contre l'oreiller, elle a fait semblant de dormir. Et puis elle sentait sa main glacée sur sa poitrine, qu'elle serrait fort. Résignée, elle s'est allongée sur le lit en attendant qu'il se force sur elle, qu'il la pénètre. Elle n'avait jamais eu d'orgasme, mais elle savait que c'était le prix de la résistance. Elle a appris à consentir. Immobilisée, elle attend le dernier souffle rauque, dégoûtant et obscène auquel elle est habituée. Sniffant, elle s'est endormie nue, elle s'est reposée couverte de sa chemise de nuit.

A 6h30, le réveil a sonné, Marie a commencé le même jour..."

La femme anonyme qui apparaît dans l'œuvre de Degas est Maria, les nombreuses Marias qui ont appris à consentir pour éviter les coups et les ruses, les nombreux violeurs qui prétendent ne l'avoir forcée à rien.

Avec une nette supériorité, l'homme, debout, provocant et puissant, reste impassible, s'appuyant sur la porte et empêchant quiconque d'entrer ou de sortir, les jambes ouvertes, il regarde avec amertume et défiance la femme qui, en deuil et à moitié nue, pleure. C'est un espace fermé, claustrophobe, où l'on ne peut que respirer la peur et la tension qui se transmet au spectateur de la scène. La femme, agressée, cache sa honte alors que ses vêtements déchirés sont sur le sol.

C'est l'image de la culpabilité, de l'absence de défense, de la violence subie par les femmes, de la maltraitance des hommes. L'espace réduit augmente la charge émotionnelle et dramatique du sujet où il contraste le lit, intact, avec le désordre des vêtements, ce qui induit à penser que l'humiliation a été produite sur le sol. L'homme est habillé, non pollué ; la femme n'est presque pas habillée, crasseuse. La violence de la pièce est accentuée par la lumière qui, loin de symboliser l'espoir, place l'homme dans la pénombre et illumine le dos nu de la femme. La préciosité du papier peint sur les murs se juxtapose à l'agressivité qui intimide. Le silence d'une âme déprimée qui accepte la nécessité de consentir et son infériorité, est le protagoniste du tableau.

Étant une peinture d'époque qui révèle la fureur partout, elle révèle une réalité que cent ans plus tard, trop de femmes continuent à vivre. L'intérieur, l'intimité des maisons ou des chambres sont l'enfer éternel et quotidien de nombreuses femmes qui, invisibles, errent dans la vie sans échapper à celui qu'elles croyaient être leur amour.

Briser les stéréotypes: Hannah Gluckstein, Gluck

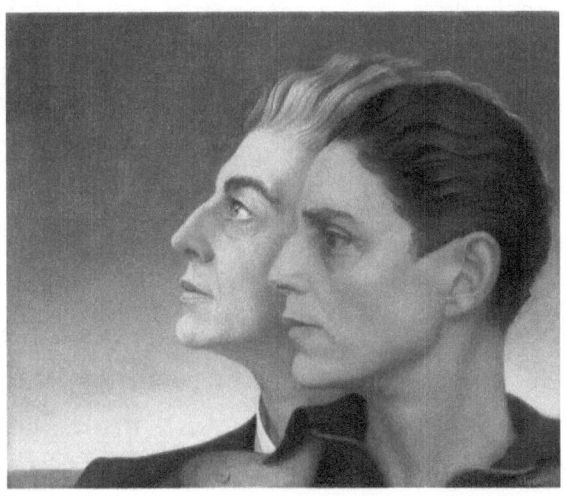

Hannah Gluckstein "Médaillon". 1937. Brighton Museum and Art Gallery. Brighton et Hove. ROYAUME-UNI.

A u début du XXe siècle, défiant la société anglaise conservatrice, la peintre Hannah Gluckstein, ignorant son identité sexuelle, a abordé l'androgynie de l'art avec une élégance étonnante, brisant les stéréotypes conventionnels et les rôles si colorés de la société victorienne.

Hannah est née à Londres en 1895 au sein d'une riche famille juive. Son père, Joseph Gluckstein, était propriétaire d'une chaîne de restaurants britannique; sa mère, Francesca Halle, d'origine américaine, était chanteuse d'opéra ; son frère Louis est devenu un politicien conservateur. De sa carrière ultérieure, on peut imaginer ce qu'Hannah a ressenti en grandissant dans une famille où les rôles étaient si marqués, les idées si stagnantes et son avenir planifié vers un mariage profitable. Un environnement où elle était étouffante et frustrée de ne pas pouvoir développer son projet de vie.

À l'âge de 18 ans, en 1913, Hannah commence à étudier l'art à St John's Wood, une école du nord de Londres et un centre d'art anglo-français. Là, elle a trouvé sa place, découvert sa dysphorie, s'est acceptée et s'est changée, en se coupant les cheveux et en commençant à s'habiller en homme. Elle se promenait dans la ville en portant des chemises, bien que larges, faites sur mesure, et des chaussures d'homme. Le mécontentement familial était unanime, son père trouvait que c'était une mode extravagante, sa mère pensait qu'il y avait quelque chose de tordu dans son cerveau ; cependant, malgré les attitudes de rejet qu'elle recevait, elle continuait à poursuivre son individualité et, incapable de se réassigner, compensait l'anxiété, le manque d'estime de soi, l'irritabilité et l'inconfort par une responsabilisation intérieure qu'elle manifestait dans sa tenue masculine.

Hannah, qui était une femme courageuse et en difficulté lorsqu'elle a terminé ses études en 1916, connaissant l'environnement social et familial, a décidé de ne pas revenir et a déménagé pour vivre dans une colonie d'artistes à l'ouest de la vallée de Cornwall à Larmona, connue sous le nom de "Newlyn School". Dans sa nouvelle identité, elle a commencé à s'appeler Gluck et, malgré son désaccord, sa famille l'a soutenue financièrement, ce qui lui a permis d'avoir une vie confortable.

Elle quitte bientôt la colonie et achète un studio en Cornouailles où elle vit seule. A cette époque, elle rencontre Romaine Brooks, également peintre italienne qui aime se déguiser en homme. Ils se sont consacrés à des autoportraits et, outre une amitié et un respect profonds, une passion s'est développée. Dans ces années-là, Gluck devient un célèbre portraitiste et décorateur d'intérieur qui insiste pour être reconnu comme tel, "sans préfixe, suffixe ni guillemets", sans que son art ne soit identifié à son genre ou à une quelconque école artistique ou mouvement pictural.

Comme sa renommée s'accompagnait d'une amélioration de ses revenus, elle a acquis à la fin des années 1920 une maison plus grande à Hampstead. Il rencontre alors la talentueuse fleuriste Constance Spry avec laquelle il vit de 1932 à 1936. La profession de son compagnon l'enivrait, et pendant ces années-là, elle se consacra presque exclusivement à la peinture de motifs floraux, dont beaucoup étaient commandés par des clients de son bien-aimé.

Lorsque la relation s'est terminée en 1936, Gluck a rencontré Nesta Obermer, dont il est tombé amoureux. C'était une dame de la société londonienne qui avait épousé un homme d'affaires américain par commodité. Ensemble, ils ont apprécié la lecture, le théâtre, les concerts et, inspirée par une nuit passée ensemble à l'opéra, elle a peint "Medallion", où ils sont représentés ensemble.

Il est difficile de trouver dans l'histoire de l'art un portrait de couple où l'on respire tant d'amour, de complicité, d'égalité et de majesté des deux représentés. Deux femmes qui, de profil, cherchent le bonheur à l'horizon, deux femmes qui, dépourvues de leur sexe, sont libres. L'image a ensuite été utilisée comme couverture d'une édition de "Virago Press". Gluck estimait qu'il s'agissait d'un "mariage", mais Nesta se noya dans une relation qu'elle jugeait trop possessive et décida de la quitter en 1944.

Cela plongea Gluck dans une terrible dépression dont il parvint à s'échapper lorsqu'il rencontra Edith Shackleton avec qui il alla vivre dans le Sussex. Pendant ces années, bien qu'il fasse encore des portraits, il met tous ses efforts à se battre avec la Chambre de commerce anglaise et les fabricants de peinture qui réclament plus de qualité dans les matériaux dans ce qui est une véritable "guerre de la peinture". En même temps, elle est nommée à la Royal Society of Arts et se voit commander plusieurs œuvres. Elle a été avec Edith pendant près de 30 ans. Ils ont vieilli ensemble dans une relation turbulente et ont profité d'expositions individuelles qui ont eu de grandes répercussions et ont été inspirées par des thèmes liés à l'amour, à la mort et au temps. En 1976, Edith meurt et quelques jours plus tard, Gluck est victime d'une crise cardiaque dont il se remet mais la laisse pratiquement prostrée jusqu'en janvier 1978, date à laquelle il meurt.

La dernière grande œuvre de Gluck était une peinture d'une tête de poisson en décomposition sur la plage intitulée "Rage, Rage against the Dying of the Light".

Il peut sembler que Gluck était de mœurs légères, émotionnellement dépendantes, casquivales, mais la vérité est que derrière la tenue masculine, il y avait une personne amoureuse de l'amour, de cet amour romantique qui nous quitte si souvent, nous détruit, brise notre âme et nous ne parvenons à la restaurer qu'en croyant avoir trouvé une autre personne à aimer, en oubliant que nos grands amants sont nous-mêmes.

Gluck a peint des paysages, des portraits, des tirs de soldats, des arrangements floraux, des natures mortes, des scènes de fête, il a peint presque tout et il l'a fait avec la même solennité et dignité avec laquelle il vivait, dans une société qui était arrogante et croyait sans vergogne qu'elle avait le droit de réglementer les formes de vie et les comportements. Une société que Gluck a confrontée à son art et à son mode de vie.

Gluck est l'une des femmes artistes que l'histoire et le féminisme doivent rendre visibles par sa contribution personnelle et professionnelle.

De muse à poupée cassée:
Camille Claudel

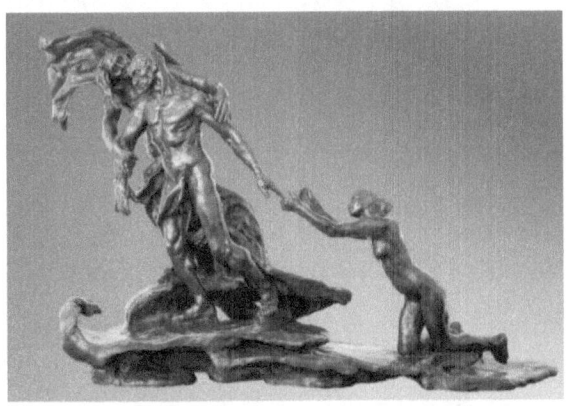

Camille Claudel "L'âge mûr". Bronze. 121 x 181,2
x 73 cm. 1899. Musée Rodin. Paris.

Malgré une production sculpturale abondante, dont certaines pièces sont aujourd'hui conservées dans plusieurs collections (la plus nombreuse étant celle du Rodin à Paris), et d'autres détruites par elle-même dans des accès de colère, Camille Claudel est une autre grande femme artiste dont l'art reste oublié dans l'ombre de l'artiste qui l'a détruit, humilié, rabaissé et finalement rendu fou : Auguste Rodin.

Camille Claudel est née le 8 décembre 1864 à Fère-en-Tardenois, dans l'Aisne, dans le nord de la France. Elle était la sœur aînée du poète et diplomate Paul Claudel.

Son père, Louis Prosper, a travaillé dans le monde de la banque. Sa mère, Louise Athanaïse Cécile Cerveaux, issue d'une famille agricole et catholique de Champagne, la détestait parce qu'elle n'était pas un garçon. Elle n'a jamais été d'accord avec la vocation de Camille dans le monde des arts.

Dès son enfance, Camille joue avec la terre et sculpte les gens qui l'entourent, dont ses jeunes frères et sa gardienne Eugénie Plé. Ce qui a commencé comme une simple distraction est devenu une passion et son métier.

Lorsque sa famille s'installe à Paris en 1881, elle a 17 ans et voit l'opportunité d'étudier les beaux-arts. Bien qu'à cette époque, la célèbre École des Beaux-Arts soit interdite aux femmes et les empêche de s'inscrire dans ce centre, elle peut entrer à l'Académie

Colarossi, qui est l'un des rares lieux ouverts aux étudiantes, étant dirigée par le sculpteur Alfred Boucher. Elle y a rencontré d'autres jeunes femmes, pour la plupart anglaises, avec lesquelles elle a loué un atelier et partagé une résidence.

Pendant trois ans et jusqu'à son départ pour Florence, Alfred Boucher a été le professeur de Camille, qui a loué son travail et son inspiration et lui a appris à travailler d'autres matériaux comme le marbre et le bronze. Boucher, à son départ, demande à Auguste Rodin de poursuivre l'instruction de ses élèves. C'était en 1883, elle avait 19 ans, Rodin 43.

Peu après l'avoir rencontrée, il est devenu obsédé par sa beauté et, malgré la différence d'âge et son engagement envers Rose Beuret, il a flirté avec elle, l'a manipulée, l'a flattée et l'a harcelée, abusant de sa position de supériorité et de son âge. Il lui a écrit:

"Mon ami féroce

[...] Ce soir, j'ai erré (pendant des heures) sans vous trouver, vous, nos lieux, comme la mort serait douce pour moi ! [...] Pourquoi ne

m'avez-vous pas attendu dans l'atelier ? [...]
Camille ma bien-aimée malgré tout, malgré
la folie que je sens venir et ce sera votre
oeuvre. Si cela continue, pourquoi ne me
croyez-vous pas ? J'abandonne mon Dalou,
la sculpture ; [...] Il y a des moments où je
pense franchement que je vais t'oublier.
Mais en un seul instant, je ressens votre
terrible pouvoir. Ayez une méchante pitié.
Je n'en peux plus, je ne peux pas passer un
jour sans te voir. Si ce n'est pas la folie
atroce. C'est fini, je ne travaille plus,
divinité maléfique, et pourtant je t'aime
avec fureur. Ma Camille, soyez assurée que
je n'ai d'amitié avec aucune femme, et mon
âme entière vous appartient.

Je ne peux pas te convaincre et mes raisons
sont impuissantes, ma souffrance tu ne la
crois pas [...] Laisse-moi te voir tous les jours
[...] cela ne laisse pas la maladie laide et
lente s'emparer de mon intelligence, de
l'amour ardent et si pur que je ressens pour
toi, bref, chère pitié, et toi-même tu en seras
récompensé. Rodin.

D'étudiante, elle est devenue une confidente,
puis une muse et une source d'inspiration, et
enfin l'amante d'un artiste qui ne la

valorisait ni comme professionnelle ni comme femme, vivant une relation turbulente pleine de promesses qui ne sont jamais venues, et de mépris qui la rendait amère. Camille était une poupée dans les griffes de l'artiste qui la façonnait à volonté tout en sous-estimant son art. Sa promiscuité a fait que leur relation de 14 ans a été marquée par des disputes et de la jalousie.

L'une des premières œuvres que Camille réalisa lorsqu'elle rencontra son maître fut son buste en terre cuite, une pièce qu'il consacra à l'exposition en même temps que la sienne et en signe des bons enseignements que le disciple recevait. Malgré ses disqualifications, elle a continué à travailler. En 1888, en bronze et mesurant 49×35 cm, elle réalise le "Torse d'une femme debout" et, cette même année, elle commence le couple "Vertumno et Pomona" en marbre, mesurant 91×82 cm. En 1893, il sculpte "Cloto" et "Perra hambrienta" en plâtre, en bronze patiné au café. Le travail féminin et juvénile de Camille se dilue entre le travail masculin et adulte de Rodin, en même temps que la relation entre eux est de plus en plus douloureuse pour elle qui supporte de le voir exposer avec d'autres femmes, en lui promettant qu'elle est la seule dans sa vie. Enceinte et sous sa pression, elle a même avorté.

En 1898, il trouve enfin la force de le quitter. Cette année-là, il commence son projet de plâtre "L'âge mûr", une œuvre qui, à la vue de Rodin, lui cause un tel choc et une telle colère qu'il tente de demander au ministère des Beaux-Arts d'annuler le financement de la commande de bronze. L'œuvre est un groupe de sculptures également connu sous le nom de The Fate, ou The Way of Life, ou Fate, ou L'Age mûr ou La Destinée. Dans le groupe, Rodin apparaît marchant avec Rose Beuret et tous deux tournent le dos à une fille qui les implore de les suivre. Un an plus tôt, elle avait sculpté "The Talkers" et "The Wave"

Les critiques et la presse ont commencé à reconnaître son talent et elle a continué à produire. Mais il était trop tard. En bronze, elle a réalisé "La Grande Valse" et "La Fortune" en 1900 et "Les Conversationnistes", en marbre, en 1905. Cependant, bouleversée *émotionnellement, elle s'est enfermée dans son atelier et s'est isolée. Sa dernière exposition date de 1905.*

Obsédée par ce fils ou cette fille à naître, elle s'est consacrée pendant des années à la sculpture de bustes d'enfants et d'images enfantines qu'elle brisait elle-même au milieu d'une misère croissante. Le seul qui l'a soutenue est son père qui, malgré les demandes répétées de la famille, a refusé de l'admettre dans un centre de santé mentale.

Parallèlement, en 1909, Auguste Rodin entame des négociations avec l'État français pour créer le musée Rodin dans le Palacete Hôtel Brion, où une grande partie de l'œuvre de Camille est actuellement exposée.

À la mort du père de Camille en 1913, son frère Paul l'emmène à l'hôpital psychiatrique de Ville- Èvrad où on lui diagnostique "une manie systématique de la persécution accompagnée de délires de grandeur". Quatre mois plus tard, en juillet, son frère l'a admise à l'asile de Montdeverques dont, malgré son rétablissement, elle n'est sortie que trente ans plus tard, à sa mort.

Sa famille lui a interdit de recevoir des visiteurs et, à l'exception de son frère qui lui a rendu visite sept fois, ils ne sont jamais allés la voir. Elle est morte en 1943, seule, et a été enterrée dans une tombe non marquée dans l'enceinte de l'asile où sont enterrés les restes de patients oubliés par leurs familles. À la mort de Paul Claudel en 1955, le veto qui existait dans la famille à son sujet a été levé et les descendants, dans l'intention de lui donner une tombe digne, ont écrit à Montdevergues pour demander la localisation exacte du lieu de sépulture et son exhumation, ce à quoi l'institution a répondu qu'ils ne savaient pas puisque le terrain avait été utilisé pour faire des extensions de l'établissement psychiatrique.

En même temps, et comme le stipulait Auguste Rodin, sa sculpture "Le Penseur" a été placée sur sa tombe, sous laquelle repose un génie qui a réussi au prix de la destruction de la vie des femmes et du mépris du travail des artistes qu'il s'est approprié. Là, solennellement, il est enterré malgré son comportement répréhensible tandis que Camille, qui ne sait pas où, reste tourmentée et loin des œuvres qui ont jailli de ses mains depuis son enfance.

Le diagnostic mental de Camille sur les "delios de grandeza" est une nouvelle démonstration du prix qu'une femme de son temps a dû payer pour ne pas remplir le rôle de femme qui a été écrit.

Le culte de l'agression contre les femmes dans l'Église chrétienne catholique

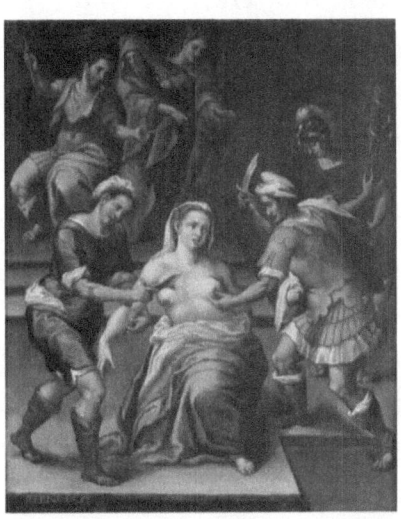

Gaspar de Palencia "Martyre de Santa Águeda". Huile sur panneau. 59x 46 cm. 1578. Musée des beaux-arts de Bilbao.

Tout au long de l'histoire, les femmes ont été tenues à l'écart de la formation et même interdites. L'analphabétisme a surtout régné parmi nous. Les temples et les églises, lieux de visite obligatoire pour ne pas enfreindre certains "Commandements", ont été pendant des siècles des centres d'instruction à travers les sculptures qui ornaient leurs entrées et les peintures qui décoraient leurs intérieurs. Des images, l'une et l'autre, qui parlent et forment des modèles de vie. L'art a été utilisé comme propagande pour les régimes politiques et les religions, dans le cas du catholique, surtout depuis le XVIe siècle.

Pour répondre au défi de la Réforme protestante, entre 1545 et 1563, l'Église catholique romaine a organisé le concile œcuménique connu sous le nom de Concile de Trente, à partir duquel des actions de Contre-Réforme ont été prises. Dès lors, les manifestations artistiques et la philosophie sont au service de la théologie, et leur objectif est d'amener les masses à accepter les "vérités" et à endoctriner le peuple.

L'endoctrinement comprenait l'émotivité, le sentimentalisme, la théâtralité, le désir de provoquer des émotions de douleur, d'affliction, de causer des blessures et de provoquer des larmes, et surtout de créer la peur chez les fidèles. L'art est devenu propagande, les centres religieux sont devenus des scènes et les images sont devenues une invitation à participer aux agonies et aux martyres des personnages représentés.

Ce que l'Église catholique romaine entendait transmettre comme vie exemplaire à enseigner au peuple se traduit par des représentations de femmes, dont la vie et les légendes avaient été racontées par les hagiographes, recevant des coups, de l'esclavage, des dégradations, des coups, des amputations et des viols tout en étant gardées par des éléments iconographiques pour l'identification et la lecture des images.

Tant dans les représentations religieuses des femmes, surtout à l'époque baroque, que dans les mouvements artistiques antérieurs et postérieurs, un culte de l'agression s'est créé, une violence constante exercée sur elles ainsi qu'une vénération de leur virginité. Les saints et les martyrs transmettaient l'angoisse, la peur et le malaise ; tandis que les vierges et les castes, le calme et la tranquillité.

Avec la Contre-Réforme, les corps habillés de vêtements féminins ou couverts de gaze subtile sont devenus le produit de tortures misogynes, un spectacle de terreur où les *mutilations des seins, les agressions sexuelles, l'humiliation et la torture ont été normalisées dans les médias, transformant les églises en véritables spectacles qui ont choqué les fidèles qui ont compris les coups et l'ignominie comme faisant partie de leur existence, en même temps que les fidèles ont commencé à s'identifier aux bourreaux et aux autorités dans la soumission des femmes.*

Ces images, qui ont été créées pour endoctriner la punition et la peur des femmes en contenant ces degrés de torture, se rapprochent de la pornographie en nous présentant des femmes qui sont joyeuses face à la cruauté, au martyre et à l'horreur. Ce sont des représentations cruelles, tourmentées, tordues et terrifiantes qui élèvent la légende au niveau du monde réel, berçant le spectateur dans la panique au lieu de le réveiller.

Sous le patronage de l'Église, les artistes ont réussi à exagérer les légendes et à émouvoir et à captiver le public en transformant les temples chrétiens en camps de concentration où ils ne pouvaient pas détourner leur regard de l'atrocité et de l'horreur. Images effrayantes qui, individuellement, en série ou sur des tables contenant différentes scènes, couronnant des autels ou accrochées sur les côtés, représentant des scènes qui, avec du sang et sans résistance, évoquaient la dureté de l'agression sexuelle contre les femmes à travers des corps, généralement infantilisés, ce qui aggravait la connotation.

L'intériorisation de l'abus sexuel des femmes faisait partie de la vie quotidienne, une histoire fermée avec un début et une fin et sans possibilité de l'abandonner. Une existence, pour les femmes, apocalyptique et répétitive jusqu'à la nausée, qui a franchi les frontières de l'agression pour atteindre le sadisme et qui les a maintenues dans une claustrophobie sans lumière. Des images qui dévorent la vie des femmes dans leur propre univers, qui les retiennent dans la croyance que leur corps a été créé pour les abus et les mauvais traitements, que leur destin est la soumission et la barbarie. Une stratégie dans laquelle l'Eglise et l'Etat, avec des décors soignés, de grands artistes et des actrices légendaires, ont narré un discours patriarcal et misogyne.

Bien que le christianisme ait été persécuté par l'Empire romain dès le début, les persécutions ont été plus ou moins sanglantes selon l'empereur. Avec Dioclétien, au milieu du IIIe siècle, se déroule "La Grande Persécution" dont on extrait la vie et les légendes de ceux qui l'ont subie. Des édits ordonnant à tous les citoyens romains de faire des sacrifices aux dieux païens ont été appliqués dans tout l'empire, bien qu'avec plus de faiblesse en Gaule et en Bretagne et plus évident dans les provinces de l'Est, c'est pourquoi nous trouvons plus de martyrs dans cette région. Ces vies ont inspiré les récits des hagiographes ultérieurs, qui ont à leur tour inspiré les œuvres picturales et sculpturales.

Des hommes comme Cosimo et Damien, Érasme de Forme, Romain d'Antioche, Victor de Marseille, Marcellin, Pancrazio, Vicente de Saragosse et Pantaléon sont quelques-unes des victimes de ces persécutions. Dans leurs martyrs, ils n'ont pas subi d'agressions sexuelles, ni n'ont été castrés, violés ou sodomisés ; ils n'étaient pas des objets sexuels, les femmes l'étaient.

En revanche, dans le cas des femmes, les martyrs ont une charge sexuelle, malgré le puritanisme, ils montrent leurs corps nus et en plus d'être violents, les scènes atteignent le masochisme le plus brutal, ayant toujours une nette différenciation entre la supériorité du bourreau masculin et l'infériorité de la victime féminine.

L'un des nombreux exemples est le cas d'Agueda de Catania, dont la légende a été racontée au milieu du XIIIe siècle dans "La légende d'or" par l'hagiographe Santiago de la Vorágine, alors archevêque de Gênes. Agatha était une vierge et une martyre du IIIe siècle qui, persécutée comme le reste des chrétiens au temps de l'empereur Dèce, a subi un harcèlement sexuel de la part du proconsul de Sicile, Quintianus, et lorsqu'il a été rejeté par elle, il a ordonné qu'elle soit enfermée dans un lupanarium pour être violée par les hommes qui lui rendaient visite. Plus tard, le proconsul enragé a ordonné de lui couper les seins, et finalement il a donné l'ordre de la jeter sur des charbons ardents.

Les représentations du martyre qu'a subi Agueda sont abominables, peut-être les plus

201

sanglantes, les plus explicites et les plus cruelles que l'on puisse trouver dans l'histoire de l'art. Agueda a subi des violences physiques, sexuelles et psychologiques en raison de son activisme et de la défense publique de ses convictions. Bien qu'elle ait été bâillonnée, menottée, battue et brûlée, la plupart des artistes qui l'ont représentée ont coïncidé pour représenter le moment le plus sanguinaire et le plus chargé sexuellement qu'elle ait subi, qui a consisté à amputer ses tétons, à les ensorceler et à les arracher avec d'énormes pinces tenues par des bourreaux.

Afin de dramatiser la scène, la femme est représentée comme un enfant ou un adolescent avec des hanches petites et des seins naissants, impuissant, sans force, sans courage, sans même parfois opposer un geste de complaisance ou de conformité déconcertant et glacial. À la fragilité de la jeune femme s'opposent les corps bronchiques et adultes des bourreaux masculins qui, sans pitié, en supériorité physique et numérique, procèdent à sa torture.

Nous trouvons des peintures gothiques, d'auteurs inconnus qui traitent du sujet, des œuvres de Sebastiano del Piombo, Ambrosius Benson, Paolo Veronese, Giovanni Lanfranco, Francesco Guarino, Andrea Vaccaro, Tiepolo et bien d'autres mais parmi elles, en raison de leurs effets de clair-obscur, l'une des plus dramatiques et terrifiantes est celle du peintre maniériste espagnol Gaspar de Palencia qui est actuellement exposée au musée des Beaux-Arts de Bilbao et qu'il a réalisée en 1578.

Dans l'œuvre, le martyr apparaît au centre, et les effets de la lumière nous font porter toute notre attention sur sa torture. Elle est assise, résignée. Le bourreau de gauche lève son bras pour faire une incision dans son sein ; celui de droite presse un mamelon avec ses doigts dans l'intention de le faire dresser ou de le couper plus tard avec un couteau qu'il lève et menace de sa main droite. A côté de lui, un soldat romain observe la scène avec impassibilité, tandis qu'à l'arrière-plan trois autres hommes la montrent du doigt de manière accusatrice. La corpulence et l'agressivité des hommes s'opposent à la neutralité et à la passivité de la femme qui, loin de résister, hoche la tête. La scène montre qu'un homme ayant une "autorité politique" et un paysan sont tous deux autorisés à torturer une femme.

Il est affligeant de penser qu'aujourd'hui encore, Agueda est invoquée contre les maladies liées aux glandes mammaires, elle protège les nourrices et aussi les cloches (peut-être parce que la forme de la cloche échappe aux seins). Iconographiquement, elle était représentée comme une jeune fille habillée portant ses seins sur un plateau, rappelons le tableau de Zurbaran.

La Journée internationale pour le soutien aux victimes de la torture est célébrée chaque année le 26 juin. Amnesty International déclare que "la torture est un acte fondé sur l'abus de pouvoir et la discrimination sexuelle facilite les formes de torture et de peines cruelles, inhumaines ou dégradantes qui visent spécifiquement ou de manière disproportionnée les femmes et les personnes ayant une identité sexuelle non majoritaire". La torture des femmes comprend le viol et l'agression sexuelle. En 2011, les femmes militantes et journalistes qui ont manifesté contre le gouvernement au Yémen ont été persécutées et battues. Au Bahreïn, Aayat Alqomorzi a reçu des décharges électriques au visage après avoir été arrêtée pour avoir récité des poèmes sur le roi lors des manifestations de cette année-là. En Chine également, l'avocat Ni Yulan a été torturé dans un fauteuil roulant, et dans d'autres pays comme l'Iran et le Zimbabwe, la même chose s'est produite.

Dans les conflits armés, les femmes et les filles sont doublement victimes, à la fois par le conflit et par le fait qu'elles sont utilisées comme élément d'attrition contre l'ennemi en les violant et en les agressant. Comme dans la pièce que nous avons analysée, les scènes sont maintenant répétées : les femmes sont lapidées et abusées en public, violées en groupe, elles propagent délibérément le VIH, et des objets dégoûtants sont insérés dans leurs organes sexuels, les mutilant. Parfois, sous prétexte de préserver l'honneur de la famille, les victimes sont contraintes à un mariage forcé, ce qui équivaut à un esclavage sexuel et à une torture à vie.

Les mutilations génitales féminines continuent d'être pratiquées dans de nombreux pays, elles ne sont pas criminalisées et sont même défendues publiquement en Indonésie par le ministre de la santé. La stérilisation forcée, qui est une autre forme de torture pratiquée dans de trop nombreux pays sous le prétexte du planning familial. Les restrictions à l'accès à l'avortement, notamment en cas de viol ou lorsque la grossesse est une menace pour la vie, constituent également un traitement dégradant et humiliant qui constitue une torture pour les femmes.

Historiquement, la torture a été utilisée non seulement comme un moyen d'infliger de la douleur à une victime spécifique, mais aussi pour terroriser les autres et les décourager de prendre diverses mesures. Ce sont des "moyens" pour obtenir des aveux, pour informer sur les autres mais essentiellement pour restreindre brutalement les droits.

Depuis 1948, date de l'adoption de la Déclaration universelle des droits de l'homme, il existe une interdiction mondiale de la torture et de l'exercice de toute forme de cruauté et d'humiliation. Depuis lors, 156 pays ont signé la "Convention contre la torture" des Nations unies, une interdiction qui est contraignante même pour les États non signataires de traités. La torture et les mauvais traitements sont désormais considérés comme des crimes au regard du droit international, y compris les crimes contre l'humanité et le génocide, bien que leurs images fassent toujours partie de l'univers patriarcal plutôt que d'être utilisées pour la prévention et la sensibilisation à la violence sexiste.

Hypersexualisation féminine et exploitation sexuelle des mineurs: innocence de Pedro Sáenz Sáenz

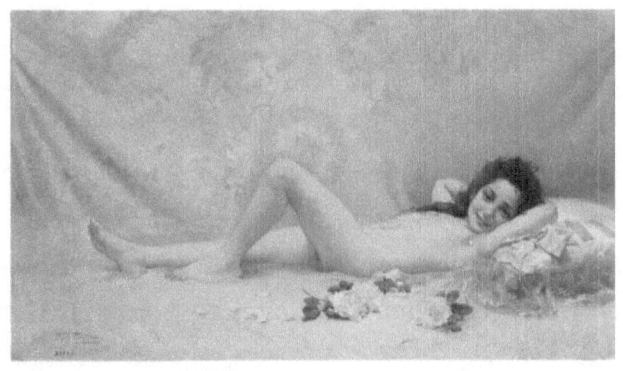

Pedro Sáenz Sáenz "Innocence". Huile sur toile. , 93 x 157 cm. 1899. Musée du Prado (non exposé).

L´objectivation du corps des enfants féminins et la conversion de leurs images en objets pour satisfaire le regard du pédophile est historique. Cependant, au XIXe siècle, coïncidant avec l'incorporation des femmes dans le monde du travail et avec les nouveaux airs qui promettent l'émancipation, cette mode s'est accrue. Les appétits sexuels masculins ont été assouvis en créant des images de filles pubères nues, aberrantes et apparemment fragiles, mais annonçant une tendance à la prostitution. Une manipulation cruelle dont la perversion est évidente dans l'œuvre de Pedro Saenz, mais avec laquelle nous vivons actuellement, permettant aux médias d'utiliser les filles comme si elles étaient des objets sexuels.

La fausse hypocrisie, le sentimentalisme et le manque de conscience de la dignité des femmes ont permis et permettent encore à des jeunes filles innocentes de devenir visuellement des Lolitas, qui sont les antécédents de la femme et des filles fatales de la prostitution, incitant à un érotisme pervers, à la perversion et à un stéréotype qui dilue et annule toute capacité intellectuelle. Une création méprisable et misogyne.

Face à l'avancée du féminisme, à la nouvelle position des femmes dans le travail et la vie publique, le puritanisme du XIXe siècle, encouragé par le patriarcat et craignant les avancées féminines, encourage l'utilisation de corps de filles, absents de courbes, avec de beaux visages et qui réveillent la morbidité *pour créer à nouveau une mauvaise femme, perverse et responsable des faiblesses et des malheurs des hommes, des filles qui continuent à vivre au XXIe siècle, absolument hypersexualisées et utilisées par un système capitaliste dans lequel tout passe par l'atteinte à la dignité des femmes et la violation de l'enfance.*

Pedro Sáenz Sáenz est considéré comme l'un des peintres préraphaélites d'Espagne. Il est né à Malaga en octobre 1863 et est mort dans la même ville à l'âge de 64 ans. Ses débuts picturaux ont eu lieu dans la ville andalouse et se sont perfectionnés à Madrid, à l'école des Beaux-Arts de San Fernando. En 1988, il reçoit une pension pour compléter sa formation à Rome, où il rencontre Sorolla, Simonet, Viniegra et étudie les grands maîtres italiens. Le résultat est un travail académique, avec d'importantes influences classicistes et dont les protagonistes sont, en général, des filles nues auxquelles il essaie de donner une symbolique romantique qui est vraiment une pornographie obscène et répugnante. "Le tombeau du poète", "Chrysalide" et "Innocence" en sont de bons exemples.

Leur technique est magnifique mais, si le contenu est lamentable, pire encore est la bonne acceptation et les applaudissements que ces œuvres ont reçus de la part des critiques de leur époque. Dans les expositions générales des Beaux-Arts, il obtient avec "Crisálida" une médaille de 2ème classe en 1897, et avec "Inocencia" la même mention en 1899. En 1904, Pedro Sáenz, peintre pédophile, a reçu le titre de commandeur de l'Ordre d'Alphonse XIII et une rue lui est actuellement dédiée dans sa ville natale.

Sur un fond de damas, qui ressemble plus à un harem ou à un bordel qu'à une chambre d'enfant, Saenz dépeint "l'Innocence" d'une manière absolument repoussante. C'est une fille fausse, fausse, trompeuse et effrontée qui expose son corps nu au fantasme masculin le plus dépravé. Contre nature et couchée, les mains derrière la tête et appuyée sur un oreiller orné de mousseline et de brocarts blancs immaculés, la jeune fille sourit de façon lubrique, offrant son corps et sa virginité comme l'avaient fait autrefois Vénus et les majas nus, mais maintenant apprenties filles et futures "femmes fatales". L'œuvre dérange, dérange et offense les regards propres tout en attirant la perversion. Elle révèle, sans aucun doute, une société corrompue attirée par les abus sur les enfants.

Le ruban céleste du coussin, associé à la masculinité, et les bancs de fleurs éparpillés autour de la jeune fille symbolisent son innocence et sa défloration. Dans les secteurs les plus dégénérés, la légende se répand que les maladies vénériennes se soignent en déflorant, voire en violant, une jeune fille. Une idée aussi macabre qu'exécrable.

Les critiques ont considéré cette œuvre comme "une beauté" qui, en plus d'être primée, a été achetée par l'État pour 2 500 pesetas (une somme importante à l'époque, si l'on considère que le salaire moyen d'un Espagnol en 1900 était de 3 pesetas par mois, selon Ricardo Ocaña, lauréat du 15e prix de la Société espagnole d'épidémiologie) et ce, malgré le fait qu'il n'était pas habituel que le gouvernement ou les institutions achètent les œuvres primées.

"Innocence", une huile sur toile de 93 x 157 cm. se trouve actuellement au Musée du

Prado et dans son catalogue elle est citée comme "(...) dans ce qu'on appelait en son temps le "verismo", très dans la ligne d'Emilio Sala, et il a obtenu son plus grand succès en faisant des portraits ainsi que dans ses notes sur les personnages populaires".

Les filles sexy et les bébés fragiles sont normalisés dans la société actuelle et les images qui sont accrochées dans les réseaux sociaux ou utilisées dans les médias pour vendre des parfums, des vêtements, du maquillage ou des lunettes ne sont pas moins blessantes et grossières que le travail de Sáenz. Ce sont des images qui utilisent les mineurs et les transforment en marchandises. Les vidéos, les publicités et les séries hypersexualisent leur corps comme une marchandise, et ce, à un âge de plus en plus jeune.

Les filles projettent leur vie et leurs relations à partir des images qu'elles voient et, malgré la lutte féministe, elles en font leur mesure de réussite en perdant des valeurs telles que la créativité et la spontanéité et en commençant très tôt à jouer des rôles qui restreindront leur liberté, en croyant que leur réussite sociale dépend de leur image personnelle et en se limitant à des canons et des stéréotypes de beauté irréels, artificiels et faisant partie de l'imaginaire collectif. Ils finissent par devenir des objets sexuels dont l'existence est destinée à se dégrader et à plaire au mâle.

Une fois de plus, le développement naturel des filles est joué de façon macabre, avec leur croissance, leur estime de soi, leur sécurité, leur dépendance et leur manque d'autonomie personnelle qui les ramène à la soumission patriarcale et à la perte de dignité et de rivalité créée par le machisme des femmes.

La sexualisation ou l'hypersexualisation du corps des femmes, en particulier des enfants, pour plaire aux hommes, pour donner libre cours à leurs désirs obscènes ou pour augmenter les ventes et/ou les profits dégrade la valeur des femmes, les pousse vers la pornographie et contribue à l'augmentation de la violence à notre encontre, du harcèlement, de l'objectivation ; elle renforce les attitudes qui entravent le développement personnel et professionnel, ainsi que la possibilité de vivre dans des *conditions d'égalité, nous renvoyant à la servitude et au lupanar.*

Co-responsabilité dans la vie et l'art de Lilly Martin Spencer

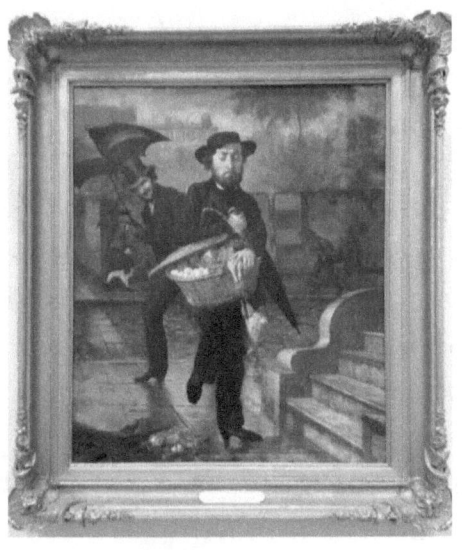

Lilly Martin Spencer "Jeune mari: premier marketing". Huile sur toile. 74,9 x 62,9 cm. 1854. Le Metropolitan Museum of Art, New York.

La société actuelle semble comprendre et accepter que la coresponsabilité est bénéfique tant pour les hommes que pour les femmes, mais dans la pratique, c'est tout autre chose. Le patriarcat a créé des rôles et des stéréotypes

217

préjudiciables aux deux sexes en stigmatisant les hommes qui prennent la responsabilité de s'occuper de personnes efféminées ou non humaines et les femmes qui se consacrent à leur carrière ou à leur profession en tant qu'hommes ou non femmes. Ces deux concepts témoignent du bannissement de leur sexe par leur choix.

La coresponsabilité est comprise comme une opportunité pour le leadership féminin, pour l'incorporation des femmes dans le monde du travail, et on oublie que c'est une opportunité pour les hommes de cesser de supporter exclusivement le fardeau économique en plus de se divertir et de s'occuper de leur famille.

Si le démantèlement de ce type d'attitude est difficile aujourd'hui, il y a 170 ans, c'était un exploit et l'artiste Lilly Martin Spencer, avec son mari, l'a fait sur un plan personnel tout en créant des œuvres qui diffusaient un mode de vie familial non conventionnel. Avec son talent technique et son ironie, elle a ébranlé les fondements de la société américaine de ses expositions avec des peintures qui ont provoqué le rire des spectateurs, alors qu'en réalité c'est elle qui se moquait de ceux qui les observaient.

"Young Husband : First Marketing", créé en 1854 et conservé aujourd'hui au Metropolitan Museum of Art de New York, en est un bon exemple.

Bien que les parents du peintre soient français, elle est née en Angleterre, à Exeter, le 26 novembre 1822. Son nom d'origine était Angélique Marie Martin et à l'âge de 8 ans, avec sa famille, elle a émigré à New York où ils ont vécu pendant 3 ans jusqu'à ce qu'elle déménage dans une ferme d'une petite ville de l'Ohio appelée Marietta. Ses talents artistiques se manifestent dès son plus jeune âge et elle attire l'attention d'artistes locaux tels que Sala Bosworth et Charles Sullivan, qui la soutiennent et la conseillent jusqu'à ce qu'en 1841, à l'âge de 19 ans, elle organise sa propre exposition dans un presbytère de l'église de la ville, qui reçoit la visite du critique Nicholas Longworth qui, fasciné par son travail et son jeune âge, lui recommande d'aller étudier à Cincinnati.

La mère de Lilly, Angélique Perrine LePetit Martin, était une fervente adepte de l'utopique Charles Fourier, et ces idées ont imprégné sa personnalité, faisant d'elle une femme exceptionnellement indépendante à son époque et une fervente partisane de l'égalité des sexes et des chances pour les femmes.

Lilly se sentait artiste, et elle ne prétendait pas l'être parce qu'elle se vantait de ses compétences, mais parce que c'était son métier. Ainsi, avant d'avoir 20 ans, elle est allée à Cincinnati où elle s'est formée auprès des portraitistes James Beard et John Insco William qui ont été étonnés par le style unique du peintre.

En 1844, trois ans après s'être installée dans la ville, Lilly rencontre et épouse Benjamin Spencer, et décide de conserver son nom de famille (on sait qu'il est normal d'adopter celui de l'époux dans les pays anglo-saxons). Benjamin, un Anglais, travaillait dans une boutique de tailleur, mais une fois mariés, ils ont décidé qu'il devait quitter son emploi pour la soutenir dans sa carrière, en s'occupant des tâches domestiques. Ainsi, Lilly est devenue le soutien financier de leur maison. Sa famille et ses amis ont parié qu'elle allait tôt ou tard renoncer à sa carrière, mais ils se sont trompés. Ils ont également eu 13 enfants, dont sept seulement ont atteint la maturité.

En 1848, à la recherche d'un public plus large, Lilly et Benjamin s'installent à New York, où elle est déjà connue pour ses expositions à la National Academy of Design et à l'American Art-Union. Les New-Yorkais aiment acheter de la culture dans laquelle ils se sentent représentés, et Lilly, qui s'est spécialisée dans les portraits, a trouvé que ce vide était comblé par des scènes domestiques, souvent inspirées par des scènes de sa propre famille. Ainsi, elle est devenue la femme peintre la plus populaire et la plus reproduite du milieu du XIXe siècle.

Ses peintures débordent d'optimisme, de chaleur et d'enthousiasme et véhiculent le bonheur et un mode de vie familiale surprenant. Le nom de ses œuvres est également particulier. Elle les a intitulées d'une manière courte et accrocheuse, non pas pour décrire leur contenu, mais plutôt comme une revendication artistique: "Une *des heures heureuses de la vie", "Celles que nous devrions disparaître", "Lire la légende" ou "Embrasse-moi et tu embrasseras les filles" sont quelques-uns des titres suggestifs.*

Lilly Martin illustre également des livres et des magazines, réalise des lithographies et commande des portraits, dont celui de la suffragette Elizabeth Cady Stanton. Cependant, il y avait une grande disparité entre sa popularité apparente et son succès financier. En réalité, sa vie était une crise économique permanente remplie de factures qui s'accumulaient à la fin du mois. C'est pourquoi, en 1858, elle et sa famille ont déménagé pour vivre dans une ferme du New Jersey où l'élevage d'animaux de basse-cour et la plantation de légumes les ont empêchés de tomber dans la famine engendrée par la guerre. La famille déménage à nouveau à l'hiver 1879 dans la campagne new-yorkaise et un an plus tard, à l'âge de 46 ans, son mari meurt et elle se retrouve veuve avec beaucoup d'enfants. Elle doit donc vendre la ferme et déménager dans une ferme plus modeste à une dizaine de kilomètres de là, en y gardant un studio.

Lilly continue à travailler jusqu'à sa mort, le 22 mai 1902, mais sa situation financière reste précaire. Lilly Martin a persévéré malgré la crise financière et a dû faire face à des défis que tous les artistes doivent relever, ainsi qu'à des difficultés spécifiques pour une femme qui travaillait dans un monde dominé par les hommes.

Le travail de Lilly Martin est à la fois idéologique et utopique. Idéologique, pour promouvoir la classe moyenne montante dans le monde culturel ; utopique, pour résister à la domination des classes ou des sexes. Ses œuvres, principalement des huiles sur toile, ont été peintes avec une palette de couleurs vives et nettes, raffinées dans leur exécution et finies avec douceur. Les têtes qu'il peint sont frappantes, grandes et disproportionnées par rapport à leur corps, surtout dans le cas des femmes, dans l'intention de les rendre autonomes et de les équilibrer dans l'égalité. Le traitement des hommes comme des maris aimants et des maris ineptes face à la coresponsabilité est également curieux. Un exemple en est "Young Husband", dont le modèle était son mari et à travers l'œuvre duquel il a tenté une approche comique des angoisses sociales de son époque, à savoir le démantèlement des rôles des hommes et des femmes.

Le protagoniste du tableau est Benjamin qui, étourdi, vient d'acheter de la nourriture pour sa maison mais du panier qu'il porte plusieurs légumes sont déjà tombés et sont éparpillés sur le sol, et un poulet est en train de tomber. En tenant le parapluie et le panier, l'homme semble manquer de mains pour apporter l'achat complet à sa maison. Derrière lui, un monsieur regarde le protagoniste avec un sourire, et à l'arrière-plan, une servante regarde avec perplexité. Les coutumes de la famille de l'artiste se moquent de la société, mais c'est elle qui lui a vraiment fait un clin d'œil avec cette œuvre, qu'elle a exposée au printemps 1854 à la National Academy of Design de New York.

Le mari de Lilly faisait un excellent travail à la maison, mais le public qui voyait le travail, après s'être amusé, était offensé car le tableau ridiculisait la gentillesse et l'incompétence de l'homme.

Au milieu du XIXe siècle, Lilly Martin traitait sans vergogne les relations entre hommes et femmes dans une société égalitaire et dans une vie de couple avec des responsabilités partagées, et elle le faisait avec humour pour provoquer et sensibiliser la société de l'époque. En peignant des scènes domestiques, l'artiste a visualisé la femme qui réclamait l'égalité, l'espace, la portée et le statut professionnel afin que les deux sexes aient les mêmes chances.

Il est plus que curieux qu'aujourd'hui les hommes et les femmes consacrent pratiquement le même temps aux tâches domestiques lorsqu'ils n'ont pas de partenaire (11 heures pour eux et 13,5 heures pour elles par semaine), et que le nombre d'heures soit doublé dans le cas des femmes et maintenu dans leur cas lorsqu'elles vivent ensemble. Cela signifie que les deux sexes sont parfaitement qualifiés pour accomplir ces tâches, mais la culture patriarcale impose un fardeau aux femmes parce qu'elles ne sont pas payées.

Les tâches de la maison, dans un état d'égalité, doivent être envisagées comme une opportunité pour les deux sexes de partager du temps avec leur partenaire, d'augmenter leur bien-être personnel et social, d'améliorer la complicité avec la personne choisie, de profiter de leurs filles et de mieux les connaître, d'acquérir de nouvelles compétences et aptitudes, de leur donner indépendance et autonomie, d'avoir la satisfaction de pouvoir prendre soin d'eux-mêmes et de leur famille, d'être responsables et cohérents et de devenir un bon exemple pour leur progéniture.

Aucun homme ne peut parler de liberté ou de justice sans mettre en pratique les valeurs d'égalité dans son foyer. Sinon, il devient l'inepte que Lilly Martin a dépeint et qui n'était pas, précisément, son mari.

Le canon de la beauté et sa démystification dans l'œuvre de María Aparici Vives

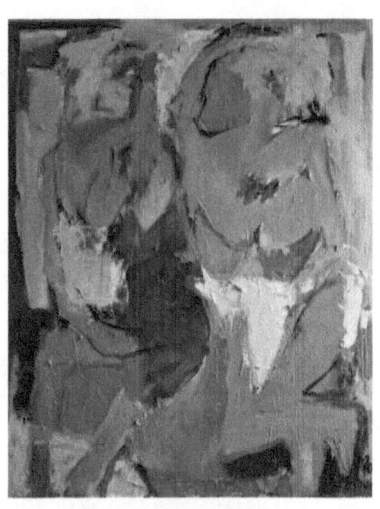

Maria Aparici Vives. "Né pour se battre". Huile sur toile. 146 x 114 cm. 2019. Collection de l'artiste.

D'un coup de ciseau, en traçant des contours avec le pinceau ou en utilisant les techniques de photoshop, les hommes, au nom du patriarcat, ont créé et dessiné des modèles de femmes selon leurs goûts, leurs *préférences ou les besoins de l'époque. L'homme a été un créateur actif, la femme un créateur passif, de sorte que les productions picturales et sculpturales rendent visible la construction artificielle d'un canon de beauté qui fait partie de la violence contre les femmes. La violence physique, depuis qu'elle tente de l'atteindre, lui a fait du tort à tous les niveaux.*

La réalisation de l'idéal de beauté imposé à chaque moment historique a entravé la croissance individuelle des femmes et les a soumises à des modes et des caprices esthétiques éphémères qui ont entraîné, outre des agressions physiques contre leur propre corps et leur santé, un faible niveau d'estime de soi et un niveau élevé de frustration, créant des mentalités individuelles et collectives tendant à l'"aspectisme" et à la conception d'un imaginaire collectif irréel.

On pourrait penser qu'il s'agit d'une mode passagère, un produit de la diffusion d'images par les médias, mais ce n'est pas le cas. Les canons de la beauté existent depuis le tout début de l'histoire et ont évolué et changé en fonction des cultures et des moments historiques. Depuis la préhistoire jusqu'aux modèles esthétiques classiques, médiévaux, modernes et contemporains, ce ne sont que des caprices qui ont contraint les femmes. Des caprices créés dans un univers patriarcal où l'homme est le créateur et la femme le créé ; l'homme l'artiste et la femme la muse.

Les productions de l'histoire de l'art nous permettent de voir que le canon de la beauté est changeant, fugace et éphémère et que les femmes en font l'expérience de la préhistoire à nos jours.

L'art primitif révèle que la chose la plus importante était la survie et la croissance des colonies nomades. La beauté des femmes a été identifiée avec celle d'avoir des organes reproducteurs évidents et très développés qui assureraient un accouchement sans problème. Les femmes aux seins volumineux, aux ventres volumineux et aux hanches larges étaient l'idéal de beauté. Avec la civilisation égyptienne, les goûts ont changé, l'harmonie a été recherchée et les formules mathématiques ont codifié la beauté en établissant la taille du poing comme un canon. Ainsi, la taille parfaite d'une femme correspondait à la taille équivalente de 18 de ses poings et le visage parfait à deux. La femme devait être mince, avec de petits membres et de petits seins. À l'époque classique, la taille du poing a fait place à la taille de la tête.

Au Ve siècle avant J.-C., Polyclitus établit le canon à 7 têtes, au IVe siècle il en devient 8 et à Rome 9. L'idéal de beauté se stylise et, basé sur la symétrie et la proportion, crée des idéaux artificiels et illusoires.

Au Moyen Âge, le christianisme impose la modestie, les visages angéliques et vierges aux teints blancs, les visages ovales et les petits traits sont les modèles à suivre car ils transmettent la bonté, la générosité et l'amour. Avec la Renaissance, l'importance des proportions classiques a été retrouvée, Léonard de Vinci a conçu comme idéal de beauté le nombre 1 681, et sur cette base la perfection a été atteinte. La femme de la Renaissance était belle si sa peau était blanche, ses joues roses, ses cheveux blonds et longs, son front clair (ce qui obligeait beaucoup à le raser et à s'épiler les sourcils), ses yeux grands et clairs, ses épaules et sa taille étroites, ses hanches et son ventre arrondis, ses mains et ses doigts fins et petits, son cou long (tant de gens lui rasaient la nuque) et ses seins petits, fermes et tournés.

Aux XVIIe et XVIIIe siècles, la minceur était interprétée comme un manque de santé, de sorte que les femmes au corps dodu et aux seins proéminents étaient considérées comme belles. Cela a même affecté les vêtements. Les femmes ont commencé à porter des corsets pour soulever leurs bustes, des talons pour paraître plus grandes, des perruques pour paraître plus pompeuses, et ont même commencé à porter et à abuser de maquillage lourd, de rouge à lèvres et de faux grains de beauté pour distinguer leur statut social. À partir de 1730, avec le rococo, la figure féminine s'impose comme délicate et légère, sensuelle jusqu'à ce que le romantisme vienne façonner la femme maladive, fragile et dépendante au visage pâle et au corps extrêmement mince.

L'art, en tant que moyen de propagande, a répandu ce que les médias et les femmes imitaient maintenant ces images que les hommes avaient créées. Avec l'avant-garde, l'impressionnisme, l'expressionnisme ou le fauvisme, entre autres, les artistes ont été attirés par d'autres cultures, ce qui a eu des répercussions sur l'introduction de nouvelles esthétiques, d'ethnies et de diversité.

Au 20e siècle, les modes induites par le consumérisme changent plus rapidement. Dans les années 1920, la belle femme avait à peine des courbes, c'était une femme plutôt hétéro; dans les années 30, la taille fine et les hanches larges prévalent (Miriam Hopkin devient une icône); dans les années 40, avec Rita Hayworth et après la Seconde Guerre mondiale, le modèle de beauté avait une peau lisse et parfaite ainsi que des corps sains et minces; Dans les années 1950, il y a eu une réaction contre la décennie précédente, et les jambes voluptueuses, les gros seins et les hanches larges sont devenus à la mode. La révolution sexuelle des années 1960 a rendu à la mode l'androgynie, les cheveux courts et les corps sans formes marquées; dans les années 1970, le bronzage est devenu à la mode avec le tourisme et dans les années 80, des corps minces et toniques (des millions de vidéos d'exercices de Jane Fonda étaient vendues à l'époque). Dans les années 90, avec l'emblématique

Kate Moss, une image de la femme extrêmement mince, avec une structure osseuse angulaire et des extrémités très fines, se consolide, les premiers cas d'anorexie et de boulimie commencent à apparaître.

Au cours du millénaire que nous vivons, ce que nous appelons la «femme parfaite» a prévalu et le Victoria's Secret incarne parfaitement des femmes grandes et minces avec de gros seins et des hanches prononcées ainsi que des corps toniques. Un balancement de modes créé selon les goûts et les préférences des hommes et dont les femmes sont victimes.

Le féminisme et l'historiographie féministe ont révélé à quel point les créations picturales et sculpturales des femmes artistes sont loin de ces stéréotypes de beauté. La femme peintre s'est présentée telle quelle, introduisant même dans les œuvres les attributs intellectuels avec lesquels elle se sentait identifiée. Bien qu'appartenant à divers mouvements artistiques, ils ne sont pas tombés dans le piège de la création d'images selon les goûts patriarcaux.

Comme exemple de démystification de ce mythe de la beauté et de critique sociale des dommages causés aux femmes par le modèle patriarcal, on trouve actuellement la peintre expressionniste Maria Aparici Vives, née à Valence et résidant à Madrid.

Maria Aparici a suivi une formation artistique académique qui a commencé à la School of Applied Arts de Burgos de 1987 à 89, puis elle est diplômée en Design d'intérieur à New York et, entre 1993-1998, a obtenu un Master de la Faculté des Beaux-Arts de la Université Complutense de Madrid. En 2007, il s'est spécialisé dans la conception graphique assistée par ordinateur. Maria Aparici est une photographe, portraitiste et peintre de grand format, féministe de la critique sociale.

En 1998, il a commencé avec sa première exposition personnelle en Suisse, suivie de lui à Madrid, Cincinnati, Pampelune et Valence. Au niveau du groupe, depuis 2000 et jusqu'à présent, il a participé à des expositions à Madrid, Valence, New York, Santander, Barcelone, Londres, Pescia, Berlin, New Delhi, etc., obtenant en 2016 le

Science Award, Museo de «Arte e Scienza di Milano, Italie; et en 2019 les récompenses internationales de Domain Group, Miguel Ángel et Botticelli. Son travail est réparti entre plusieurs collections d'art d'entreprise, telles que la collection Daimler - Stuttgart, Investcorp - Bahreïn, Cushman & amp; Wakefield - Madrid, tout en faisant partie de collections privées.

Avec des titres aussi suggestifs que "Baby Girl", "Castagnettes en Espagne", "Born to Fight", "Talluditas pero Sexys", "The Adulterer", "La Zorra", "Plantón" ou "El Braguetazo", Maria Aparici no elle ne fait que questionner et met sur la table des stéréotypes de beauté féminine, mais encourage le débat sur les conséquences pernicieuses qu'elles ont créées chez les femmes, rivalisant pour être malheureusement les plus «belles» et prendre le «meilleur» comme trophée Masculin.

Avec une distorsion expressive extrême, l'artiste représente la profondeur psychologique de ses protagonistes et sa facture hâtive privilégie l'effet dérangeant. Les couleurs fortes expriment des émotions;

neutres, absence d'expression et hermétisme. En conjuguant les deux, il crée des archétypes intemporels, précaires et ambigus qui luttent pour survivre face à la solitude et à l'incohérence. Les protagonistes des œuvres de María Aparici sont des femmes qui se caricaturent face à un patriarcat qui les a dominées dans une société en attente de statut social.

«Born to Fight» est une huile sur toile de 146 x 114 cm, l'une de ses dernières œuvres réalisées cette année. Les protagonistes sont une mère et sa fille qui représentent deux époques différentes unies par la même situation d'abus, d'agressions, de harcèlement et de mauvais traitements, auxquelles elles survivent en s'appuyant l'une contre l'autre avec des visages défigurés et sans renoncer à montrer les attributs sexuels de leur corps réifiés.

Dans le monde de l'art de María Aparici, les femmes font partie de la marginalité, de la victimisation, du canon. Mince, dégingandée et dégradée dénote la prostitution mataphorique à laquelle la femme a été soumise avec machisme, dont le corps a été idéalisé, son travail n'a pas été payé et son temps n'a pas été respecté et, malgré tout, la femme s'est traînée et accepté. Les femmes de Maria semblent ridicules mais elles le sont dans la mesure où elles ont été ridiculisées par la société, pas par elle. "Selfies" et "Influencers" sont de nombreux concepts à analyser.

Le canon de la beauté apparaît démystifié dans le travail de Maria Aparici représentant les femmes victimes d'anorexie, boulimie, vigorexie, tanorexie, orthorexie, diabulimie, ivrognexie, prégorexie, potomanie, permarexie et interventions Des maquillages chirurgicaux et horribles qui ne sont rien d'autre que la conséquence d'essayer de réaliser cette image aussi irréelle que diabolique.

Loin de mépriser les femmes, Maria Aparici nous invite à réfléchir sur les 80 000 nouveaux cas annuels de patients souffrant de troubles de l'alimentation dans notre pays, 95% de femmes, et pour les causes desquelles plus de 100 personnes meurent chaque année. Les troubles causés par la tentative de parvenir à un canon de beauté qui devrait être considéré comme une violence contre les femmes.

La manipulation d'images de femmes a toujours été utilisée à des fins politiques, de propagande ou commerciales, et c'est la raison pour laquelle elle a faussé la réalité. Le culte du corps ne produit que des niveaux élevés d'insatisfaction à son égard, d'isolement, de faible estime de soi, de frustration et de négligence pour la vie sociale, sentimentale ou familiale, qui sont finalement les mêmes conséquences que celles dérivées de la violence psychologique.

Des artistes comme María Aparici, avec leur transgression, aident à travers les arts plastiques dans la tâche ardue de prévention et de prise de conscience de trop de dommages causés par la culture patriarcale.

Une œuvre artistique, critique, sociale, exigeante et féministe.

Conclusion

Griselda Pollock en 2015 dans «Vision et différence» a souligné que tant que le féminisme continuera le discours classique sur l'art, il ne maintiendra la légitimité masculine offerte par la structure du canon classique que dans son phallocentrisme. En d'autres termes, continuer à faire une lecture classique de l'art continue d'annuler et d'entraver la compréhension du rôle des femmes dans l'art en tant qu'objet et en tant que sujet créatif.

Le présent numéro est un mécanisme de changement dans la lecture de l'art afin qu'au-delà des dates et des données bibliographiques qui tendent à banaliser l'étude du genre, il propose les femmes comme protagonistes, détruisant le modèle totalisant et établissant une historiographie féministe.

Plonger dans la vie mouvementée de certains artistes éduqués dans le mythe de l'amour romantique, analyser des images réifiées de femmes créées au gré du patriarcat, plonger dans des mythes et des légendes qui cachent les abus sexuels et le viol, ou étudier des œuvres créées par des femmes dont la valeur a été rendue invisible par du simple fait d'être produites par des femmes, nous comprenons qu'à travers l'histoire les femmes ont été et sont un objet au service du patriarcat.

L'étude de l'art et de sa relation avec les femmes vient de commencer. Il existe de nombreuses biographies qui doivent être refaites avec d'autres paramètres et une grande partie de la perspective de genre à appliquer à l'art. Il s'agit donc d'une version inédite, risquée et vous ne voulez laisser personne, pour le meilleur ou pour le pire.

Nous sommes habitués à associer la violence de genre au meurtre, en ignorant ce qui est commis dans d'autres domaines tels que la famille, sexuel, économique, intellectuel, physique, historique, universitaire, institutionnel, culturel, religieux ou politique.

C'est la volonté de cet auteur de mettre en avant tous ces thèmes en suscitant débat et critique et en rapprochant les œuvres d'art de la société comme outil de formation à l'égalité. L'éducation est le seul moyen de mettre fin à la violence sexiste.

J'espère qu'à la fin de ce livre, l'art le plus proche se fera sentir et on devinera dans les œuvres que les hommes et les femmes sont mis devant nos yeux, avant tout les hommes, victimes d'une société patriarcale.

Bibliographie

Alexandrian, S. (1980 [1977]). Los libertadores del amor. Trad. Adolfo Sarabia Santander. Badalona: Ruedo ibérico.

Addis, S. (1989). The Art of Zen: Paintings and Calligraphy by Japanese Monks 1600-1925. Nueva York: Harry N. Abrams.

Ballester Buigues, I. (2012). El cuerpo abierto, Representaciones extremas de la mujer en el arte contemporáneo. Gijón: Trea.

Breton, A. (1972 [1924]) Los pasos perdidos. Madrid: Alianza editorial. Trad. Miguel Veyrat.

Caballero Guiral, J. (2002). La mujer en el imaginario surreal. Figuras femeninas en el universo de André Breton. Castellón: Universitat Jaume I.

Chadwick, W. (1992 [1990]). Mujer, arte y sociedad. Trad. María Barberán. Barcelona: Destino.

De Cecco, E. y Romano, G. (2002). Contemporanee. Percorse e poetiche delle artiste degli anni ottanta a oggi. Milano: Postmedia.

Lebovici, E. (2009). La gêne du féminin. En Elles @centrepompidou. París: Centre Pompidou.

Leymann, H. (1996). The Content and Development of Mobbing at Work. European Journal of Work & Organizational Psychology. Vol. 5. Issue 2, 165-184.

Marín Torres, J. M. (2008). Silencio y filosofía (Pensar en, desde, contra el silencio). En M. Farrell y M. Dos (Eds.), Veintinueve maneras de concebir el silencio. Castellón: Diputación provincial.

Marinetti, F. T. (1983, [1919]). Contro il matrimonio. En Democrazia futurista. Dinamismo politico, en Teoria e invenzione futurista, a cura di Luciano di Maria. Milano: Mondadori.

Nicoïdski, C. (1994). Une histoire des femmes peintres. Francia: Jean-Claude Lattès.

Nochlin, L. (1994 [1971]). Why Have There Been No Great Women Artists? En L. Nochlin, Women, Art, and Power and Other Essays (pp. 145-178). London: Thames & Hudson.

Pizan, C. (de) (1995 [1405]). La ciudad de las damas. Traducción de Maire-José Lemarchand. Madrid: Siruela.

Pollock, G. (1994). Histoire et politique: l'histoire de l'art peut-elle survivre au féminisme? En Féminisme, art et historie de l'art. París: École Nationale Supérieure des Beaux-Arts.

Weininger, O. (1985 [1902]). Sexo y carácter. Traducción del alemán de Felipe Jiménez de Asúa. Barcelona: Península.

Weidner, M. (Ed.). (1990). Flowering in the shadows. Women in the History of Chinese and Japanese Painting. Honolulu, Hawai: University of Hawaï Press.